バイト学生と下層労働者の『資本論』

脱炭素の虚妄

野原拓 著

プラズマ出版

バイト学生と下層労働者の『資本論』

——脱炭素の虚妄

目次

Ⅳ　『資本論』を武器として脱炭素産業革命の本質を暴く

はじめに

いたましい。

トヨタの販売店の三八歳の男性の労働者が、パワハラをうけ、うつ病となって、二〇一九年五月にみずから生命を絶った、ということを、この件が労災認定されたというニュースで、私は知った。

この労働者は、大学卒業後に同社に入社し、二〇一八年六月以降、上司から「バカ野郎」などと言われ、ほかの社員の前で一時間以上にわたり大声で叱責されたのだ、という。一九年二月に、うつ病を発症したのだ、という。

ご両親は、「なぜ息子が死ななければいけなかったのか、その理由をどうしても知りたかった。日本のすべての企業にもっと働きやすい職場をつくってほしい」と訴えた、という。

このご両親に、何と声をかければよいのか、わからない。涙がでてきた。

私は、二〇一八年六月にまで時間を引きもどし、私がこの職場の労働者となって、この上司に「何をするんだ！　やめろ！」と怒鳴りつけたい気持ちでいっぱいだ。そのあとでこの労働者と二人で話して、「つらかったでしょう。どんなことをやられてきたのか、聞かせてください。くじけずに頑張ろう。何かあったら私に言ってほしい」、と彼を元気づけ、彼といっしょにご両親のところへ行って、こういうことがあったと話し、「何かあったら、私に連絡してください。微力ながら、私も力をふりしぼりますので」、とあいさつして来たい、ああ！　時間を引きもどせたら！　私がその職場の労働者であったならば！　という思いに私は駆られた。

うみだされたこの事態は、たんに、この上司の個人的特性にもとづくのではない。企業の管理者は産業下士官なのであり、上官の命令に服するのである。この上司がパワハラといえる行動をとったのは、彼が、トヨタの会社の上層部から、利益をもっと出せ、と陰に陽に迫られていたからにほかならない。

資本主義社会における企業は、労働という労働者の生き血を吸って肥え太る資本なのである。現存するこの社会に生きる労働者は、疎外された労働を強制される、完全に疎外された存在なのである。

このことを明らかにしたのが、マルクスの『資本論』である。われわれは、自分が何であり、何であるべきか、を自覚するために、この『資本論』を学ぼう。

私はパート労働者である自分自身をみつめることをとおして、マルクスの精神をつかみとるように努力した。この体験をここに書いた。
労働者・勤労者・学生・知識人のみなさん。
この本を読んで、この社会と自分の労働と自分自身について考えていただきたい。

二〇二一年一〇月二二日

I

現代の労働者の苦悩

〔1〕はじめまして

『資本論』を読もう！


新入生のみなさん！　学生のみなさん！

これから社会人として働くみなさん！

生活のためにずっと働いてきたみなさん！

私は、みなさんに、『資本論』を読んでほしい、と思っています。

新型コロナの蔓延のせいで、たいへんでしょう。仕事を奪われていませんか。賃金や収入が減っていませんか。

新たに大学生になったみなさんは、バイトをやろうと思っていますか。バイトの口はありますか。対面の授業は予定されていますか。インターネット媒介ばかりということはないですか。

新型コロナの蔓延も、新型コロナウイルスが悪いというだけではありません。こんなに蔓延したのは、政府が、オリンピックをやれるように、と、感染者を少なく見せかけるために、PCR検査を制限したことに起因しているのです。

みんなの生活が大変なのは、政府と経営者が企業の利益を守るために労働者たちや勤労者たちを犠牲にしているからです。

いまの社会は矛盾に満ち満ちています。社会の問題を解き明かす理論的武器は、マルクスの『資本論』にあります。

私は『資本論』を勉強してきました。私といっしょに『資本論』を勉強しませんか。

〔2〕バイトの労働とは？

疎外された労働

大学に入学したみなさん！

バイトをやることを予定していますか。高校生のときにバイトをやったことがありますか。

たとえば、ホテルやレストランの皿洗いとか。

この労働とはどのようなものでしょうか。この労働はいまの資本主義社会における労働です。

ここでは、私がやってきた老人ホームでの皿洗いの労働をとりあげましょう。

老人ホームでの給食業務の夕食後の仕事は、皿洗いと翌朝のためのワゴンの準備だ。入所者が一〇〇人ぐらいの施設で、この仕事への人員配置は二人だ。一人が洗浄機で皿洗いをやり、もう一人がワゴンにお盆を並べ食札を置き食器を準備する。

ワゴンにのっかって下がってきた食器を、湯を入れたシンクのなかに入れると山のように積みあがる。これを洗って洗浄機にかけ、でてきたのをスチール製のかごに入れ乾燥機にぶち込む。これを一人でやるのだ。

プラスチックのどんぶり鉢には、ミキサーにかけとろみ剤を入れたお粥が半分以上残ってべタッとくっついている。これをきれいにスポンジで洗っておかないことには、洗浄機にかけてもそのまま残ってでてくる。プラスチックでできた主菜用の食器も同様だ。

洗浄機も食器も施設経営者の所有物である。われわれ労働者の所有物ではない。われわれ労働者は自分の労働力しかもっていない。自分がスポンジで食器を洗い洗浄機にかけているつもりでも、立場が逆転してくる。洗浄機と食器が「洗え」と私に労働を強制してくるのだ。どんぶり鉢があたかも意志をもっているかのように、「お粥がまだついているぞ、とれ」と私に命令し、必死で手を動かすことを強要してくるのだ。

こちらの感性もおかしくなってくる。入所者である年老いた人たちのために洗っているつもりでも、「なんでこんなに汚く食うんだ」という気持ちになってくる。同じ労働者であり連帯するつもりであっても、介護士たちにたいして、「なんでこんな食べ残しをバケツに捨てておいてくれないんだ」という気持ちになってくる。ああ、私の人間性が失われていく!!……

だから、マルクスは、われわれ労働者の労働を「疎外された労働」とあばきだしたのだ。これが、マルクスの言う資本制的物化なのだ。死んだ労働たる生産手段が資本として労働者の生き血を吸って自己増殖する、ということなんだ。われわれの労働とはこのようなものなのだ。

〔3〕バイトをやっているとき上司の目が気にならないだろうか？

労働者への監視

新入生のみなさん！　君がバイトを始めたとしよう。

職場では、時間帯によっては、上司がいなくて、バイトの学生とパートの労働者だけで仕事をやっていることがある。それでも手を抜くことなく、一生懸命働いている。和気あいあいとやっているときはいいのだけれども、時間に追われてくると、上司はいないのだが上司に見張られているような気になってくる。

老人ホームでの盛り付け・皿洗いの私の仕事の夜の時間帯は、パート労働者二人だけだ。それでも猛烈な勢いで働いた。洗うべき食器と洗浄機という物に、私たち人間が支配され命令されているのだ。

この職場で働きはじめてはじめのころだったが、こんなことがあった。

午後四時前に職場に行くと、職場の責任者の調理師の人の怒鳴り声が飛んできた。

「どんぶりが汚かったぞ。早番のおばちゃんが怒ってたぞ。見てみろ」

見ると、テーブルの上にどんぶり鉢が一つぽつんとこれ見よがしに置かれてあった。よく見ると、どんぶりの底にお粥が少しこびりついていた。これは、昨夜の私の仕事のせいだ。

このどんぶり鉢を一日中さらしものにしておくなんて、そこまでしなくても、と思うのだが、立場を変えて考えると、おばちゃんの気持ちもよくわかる。おばちゃんは嫌がらせをしたわけではない。

私が早番をやったときに、お粥を盛りつけようとしたどんぶり鉢にお粥の残りがこびりついていたら大変なことなのだ。もしも気づかずに盛り付けて出したら、介護士の報告をうけた施設長が「なんていうことをするんだ！」と厨房に怒鳴りこんでくることになる。入所者の家族に知れたら大変なことになるのだ。昨夜の遅番の人に直接注意しようにも、早番と遅番とでは会うことがない。両方のシフトをやるのは私ぐらいのものだ。お粥のこびりついたどんぶり鉢を置いておく以外にない。

この職場では、お粥のこびりついたどんぶり鉢という〝物〟が威張っているのだ。この物が「もっとよく洗え」と人間に命令しているのだ。この職場の責任者である調理師の男は、昔の軍隊で二等兵をぶんなぐった上官のように威張りちらし・いじめをやる人であり、マルクスが『資本論』で「産業下士官」と呼んだこの名称にふさわしい人物なのだが、よく考えて見れば、この人の性根が悪いのではなく、この人は、お粥のこびりついたどんぶり鉢という〝物〟の人格的表現にすぎないのだ。この人自身、お粥の残りかすのこびりついたどんぶり鉢にお粥を盛り付けて出したら大変なことになる、という自己保身に駆られているのだ。お粥のこびりついたどんぶり鉢という物が、この人に命令しているのであり、この人はこの命令に従って行動しているのだ。

お粥のこびりついたどんぶり鉢という物が、資本のとっている物質的な姿なのであり、どんぶり鉢は、食事を入所者に提供するというサービス商品をサービス商品たらしめる物質的諸条件として、老人ホーム施設経営体の所有物なのである。介護士たちと給食労働者たちとがいっしょになって老人たちの生活の世話をしている、というようにみえるけれども、これは外観なのであって、実は、これらすべては資本の自己運動の姿態なのである。

君たちもバイトで労働すると、『資本論』の中身を自分自身の体でひしひしと体感するのである。

〔4〕 仕事が速くできるようになるとどうなるか？

技能の習得とその諸結果

大学生のみなさんがバイトをやると、その仕事をおぼえなければならない。そして速くできるようにならなければならない。そうでないと、仕事ができない人と烙印されいじめられ、やめるようにしむけられてしまう。しかし他面、仕事が速くできるようになることがいいことであるとはかぎらない。

老人ホームの夜の皿洗い・翌朝の準備の仕事では、仕事が全部終わると、タブレットにタッチしてその時刻を記録させ、厨房の鍵を閉めて帰る。時給は一五分刻みで計算される。これは違法なのだが、労働者の力が弱く、そうされてしまっている。夜の八時四四分にタッチすると、八時三〇分まで労働した、としか計算されない。四五分を過ぎてからタッチするとようやく、四五分まで労働した、と計算される。この一五分刻みということを覚えておいてほしい。

採用されて最初の日は、仕事を教えてくれる人が入って三人でやっても、終わるのは九時三〇分を過ぎてしまう。一応仕事のやり方を覚えて二人でやりだすと、だいたい九時過ぎ終わりとなる。管理者は、パートの契約の終了時刻である八時三〇分に終われ、とやいやい言ってくる。

洗いにかんしては、お粥を入れてあったプラスチックのどんぶり鉢よりも先に味噌汁のお椀を洗い、どんぶり鉢をできるだけ長く湯につけておくことが肝要だ。(右利きとして)左手で食器をつかむとき、泡立っている湯のなかの味噌汁のお椀を一瞬にして見分けなければならない。どんぶり鉢を洗うときには、左手でどんぶり鉢の同じところを持ちつづけるのではなく、途中で指をさっと動かして持ち変えなければならない。そうでないと右手のスポンジをどんぶりの内側にまんべんなく当てることができず洗い残しがでてしまうのだ。

このような技能に習熟すると、仕事が速くなり、終了時刻が早くなる。

だが、だが、だが、……。そうすると、管理者はにこやかな顔になるけれども、時給というかたちで支払われる賃金は減ってしまうのだ。管理者がガミガミいう声を全身に浴びることに耐えつづけるのか、それとも、管理者の顔をほころばせるために賃金が減るのを我慢するのか。

このようなことにさいなまれるのは、マルクスが『資本論』で、搾取のもっとも過酷な形態とあばきだした出来高払い賃金（個数賃金）という賃金支払いの形態と同じだ。資本家は、労働者が仕事に習熟してより多くの個数をつくれるようになると、一個当たりの賃金額を減らしてしまうのだ。労働者は、同じ労働者仲間がより多くのものをつくれるようになるとそれだけ自分の賃金が減ってしまうのだ。労働者は、仲間を蹴落としあい、自分で自分の首を絞めることを強要されるのだ。

これと同じだ。私が仕事を速くやると、管理者の・年老いたおばちゃんへの風当たりが強くなる。私がその人の仕事を手伝って終了時刻を早くすると、二人ともども時給の賃金が減ってしまう。仕事を無理して早くやって、八時四四分にタブレットにふれるのか、それとも、そんな無理はせず八時四六分にタッチするのか、これが問題だ。

苦しい生活に甘んじて、次の契約更新時に自分の契約が更新されることを望むのか、それとも、少しでもましな生活を望んで、危ない橋を渡るのか、これが問題だ。

新入生のみなさん。君といっしょに働いている・あるいは・君といっしょに働くことになるパートの労働者は、このような状況に追いこまれているのだ。バイトで働いている君も、同じ賃金労働者なのだ。

〔5〕なぜ過労にまで追いつめられるのか

今日の企業と過労

新入生のみんなは、東芝の安部真生さんや電通の高橋まつりさんが過労でみずから命を絶ったことに強い関心をもっていた。

大学を卒業し、めざす会社に入ったとしても、自分の夢がかなうとはかぎらない。こんなことになるなんて……。

安部さんや高橋さんはそうとう追いつめられていたのだろう。夜、眠ることなく仕事をせざるをえなかったのだろう。

彼らは、自分と同じように夢を追っていたのだろう。自分と同じ若者だった。彼らのことは、将来の自分のことだ。

私はみんなに呼びかけたい。想像力を働かせよう。

安部さんは東芝グループの会社でシステムエンジニアとして働いていた。直前の一か月の残業時間は一〇三時間五六分にのぼった。東芝側が遺族側にしめした報告書では、システム開発に遅れが生じたため、安部さんに作業が集中し、過重な負担がかかった、としているのだという。

仕事は、厚生労働省が委託した老人介護のためのシステムの開発だった。安部さんは厚生労働省の役人との交渉・協議の場にも出ていた。その場で、役人から、システム開発の遅れにたいする叱責と早期開発の催促がなされたのであろう。安倍さんは、現場でシステム開発労働にたずさわる技術者＝技術労働者であるけれども、その場では会社を代表する者として対応しなければならない。開発の遅れは、注文した先方との関係では、会社を代表する自分の責任であり、会社のなかでは、その業務を担当する自分の責任だ。役人の言葉は、厚生労働省という官庁そのものの指令だ。もしも開発の遅れの言い訳をしたら、この業務の委託を、競争する他の会社に取られてしまうかもしれない。そうすると、自分が会社に損害を与えてしまうことになる。安部さんは、役人の要請を自分一身でうけとめ背負い、夜も寝ないで開発の仕事をやったのだろう。

安部さんは、老人が豊かな生活をおくれるように介護することを願ったのだろう。だが、資本主義的に激しく競争する企業のなかでは、そのような人間的な目的をもつだけでは済まないのだ。システムの開発という作業は思わぬ困難に直面する。そんな予定どおりにはいかない。時間がかかる。しかし、企業という組織は、そこで働く労働者にそれを許さないのだ。上司からの直接の命令や非難の言葉がなくても、企業そのものが労働者をしめあげるのだ。

これは、企業が、みずから増殖する資本そのものであるからだ。資本である企業は、労働という・労働者の生き血を吸って肥え太っていくのだ。生き血を吸われた労働者は、過労というかたちで生気を失い、死に至らしめられてしまうのだ。

自分がこのような存在であり、このような存在であることをくつがえさなければならない、ということを、マルクスの『資本論』に学んで、自覚しよう。私は、みんなに、こう訴える。

〔6〕フィリピン労働者家族はどこへ？

ある家

コロナウイルスの感染拡大によって追いつめられたフィリピン家族労働者数家族が生活していたたたずまい
ここには暮らしがあった
「こんにちわ」「コンニチワ」とあいさつを交わした

29　現代の労働者の苦悩

〔7〕 ここの人たちもどこへ行ったのだろう?

タージマハル

この店の前には
インドの人たちだろうか
イランの人たちだろうか
大勢の人たちが集まっていた

31　現代の労働者の苦悩

〔8〕 自己変革のこの道を

急坂道

一本の急坂道を登りゆく
どこまでもゆくその道を
〈いま・ここ〉踏むぞ　この道を
自己変革のこの道を

〔9〕 再創造

朽ちた木

この木も土にかえり
新たな生命が芽をふくだろう
新たな芽を吹きださせよう

35　現代の労働者の苦悩

〔10〕 これはプロレタリアの姿だ

根

これはプロレタリアの根だ
根は、大きく広がり、しっかりと地中深く息づいている
プロレタリアは、完全に疎外された階級として、現存ブルジョア社会の体内に深く深く根を下ろす
プロレタリアは、この社会の変革の主体としておのれを自覚し自分たちを組織し鍛えあげ、この胎内を食い破る根をはりめぐらす

37　現代の労働者の苦悩

II　二一世紀現代に生き苦悶するプロレタリア

〔1〕パート労働者である私の日々

老人ホームでの給食という業界

現代の下層の労働者たちはどのような状況におかれているのか。私の体験を語ろう。

リーマン・ショックの直後の二〇〇八年の晩秋に、もうすぐ空っ風の吹きすさぶというこの地・上州に、私は来た。パート労働によって自分自身の生活をささえながら、ソ連が自己解体をとげたその根拠をえぐりだすために、私は学習をつみかさね原稿を執筆してきた。朝五時に起きて飯をつくって食ったあと午前中に学習し、午後から夜にかけて職場へ行った。朝五時から仕事のときもあった。

養護老人ホームから業務委託を受けた給食の仕事（委託された会社の労働者が老人ホームの建物のなかの調理場で仕事をする）、それの調理補助つまり盛り付けと洗浄が私の職務であった。

この職場では、午後でも夕方でも「おはようございます」とあいさつした。そういう業界であるらしかった。

当初、「施設長」という呼び名を、私は誤解した。「施設長が給食会議で、これは絶対やってもらいます、と言ったんだよな」と話されていたそれである。「施設長」だから、その人は、この建物の傷んだところや不備なところがないか、ということの管理をする人だと思ったのだが、いろいろとしゃべっているのが耳に入ってくると、どうも意味が通じない。その人は、この老人ホームの一番偉い人のようであった。介護業界やその給食の業界では、「施設」という用語は、建築物をさすものとしてよりはむしろ、老人ホームという経営団体そのものをさすものとして使われている、ということが、次第に私にもわかってきた。この雰囲気をそのままだすために、ここでも同じ使い方をすることにする。

この仕事は、私には厳しいものであった。メチャクチャ多くのことを憶えなければならず、猛烈に急がなければならなかった。

倒産＝全員解雇

当初はいった小さな会社は、しばらくして施設側から業務委託契約を打ち切られ倒産し、全員解雇となった。この会社は、いろいろとやっていた食事関係の業務からつぎつぎと撤退してきたのであったが、その過程で膨大な累積赤字がうみだされて、その元利支払いに、この施設からもらう金のかなり大きな部分をあてていた、とどうも思われる。それを知っている施設経営者がこの会社を切って捨てたのだ、と私は推測した。そう推察したのは、魚の切り身が小さすぎ、労働者の数が少なすぎ、給料を支払わない労働が多すぎたからである。「人を増やさないでこんなメチャクチャやらせていたら切られますよ」と私が抗議しても、社長はなに一つあらためなかったからである。料理が間に合わず、「昼食は二〇分遅れになります」と全館放送してもらう、というような事態が頻発していたにもかかわらず、である。

この施設に新たにはいった、かなり大きな会社——各地で・散在するかたちで・学校給食などいろいろ業務委託をうけていた——に、私は採用された。何とか路頭にまようことはなくなった。同じ仕事を続けることになった。

けれども、労働時間数がガクンと減った。この会社は、パート労働者の社会保険料を会社が負担しなくてもいいように、パート労働者の労働時間をきわめて短いものとしていたからである。シフト表で指定される私の一日の労働時間は四時間一五分であった。時給は七五〇円。その時間内に仕事が終らなかったり、他の人が休んだ時に出ていったりすることによって、ひと月の労働時間は伸びた。入居者に提供した料理の残りものからなる夕食、それの代金一食二一〇円を天引きされると、賃金の受取り分はひと月七〜八万円であった。それでも、前よりは良くなったと言うべきか。

前の会社では、シフト表に指定された時間分しか賃金が支払われなかったからである。いわゆるサービス残業だ。「遅」番の二人でやる夜の洗浄は二一時前後までかかったのであったが、「遅」の指定は一三時から二〇時一五分までであり、それを超える時間は、賃金支払いの対象となる労働時間からは切り捨てられた。タイムカードを押すのはまったく無駄であった。

しかも、一八時前に入居者の料理をのせた・各ユニット用のワゴンをようやく出した後には、使い終わったばかりの鍋や釜やボールやザルやフードプロセッサーやミキサーなどの洗いものが山のように残った。これを洗うのに時間がかかった。そのうちに、食べ終わったあとの食器をのせたワゴンが帰って来はじめた。大急ぎで夕飯を食わなければならなかった。けれども、実際のそのメシ時間とは無関係に、休憩をあたえなければならないと法律で定められた時間四五分が、休憩時間として労働時間から引かれた。こういうときにだけ法律の規定が利用された。

独り者の私は土日をふくむ六日連続出勤・一日休みということが多く、指定された労働時間だけで正社員の規定労働時間並みの月一七〇時間を超えることが多かった。しかし会社は私を会社の健康保険にも雇用保険にも入れなかった。このときには、会社は法律を無視して、会社が負担すべき費用をケチった。

社長が職場にくると、私たちは口々に抗議したが、彼は出費を減らすのりきり策だけを講じた。

——このときには、食費一食一五〇円を天引きされて、私の賃金受取り分はひと月一二万円ぐらいであった。

これに比して、新しい会社では、働ける時間は少なくなったが、指定された時間を超えて働いた時間が切り捨てられるということはなかった。

ちょうどこのころに国民年金が支給されることになったので助かった。と言っても、満足に年金積立金を納入しえていなかったので、国民健康保険料と介護保険料が天引きされると、受けとるのは月にして一万円そこそこにしかならなかった。

しかも賃金と年金というこのわずかばかりの金のすべてを生活費として使いきるわけにはいかなかった。書いている原稿を——スターリン主義をのりこえ全世界的規模において資本主義をその根底からひっくりかえす闘いのために——労働者・勤労者・学生・知識人たちの読めるものとするためには、自費出版する以外の展望はなく、その資金を積み立てなければならなかったからである。私は自分自身の生活水準をきわめて低いものにした。

「常食」「キザミ」「超キザ」「ミキサー」

新しい会社では、調理師ないし栄養士の資格をもつ労働者（正社員あるいは契約社員のことが多い）が料理をつくり、調理補助のパート労働者が盛り付けおよび食事後に下がってきた食器などの洗浄をする、という労働配置になっていた。栄養士は、栄養士という資格をもつ者固有の事務の仕事をもおこなった。

記述を簡単にするために、ここでは、「調理師」や「栄養士」という用語を、その資格という意味でも、その資格をもつ労働者という意味でも、またそうした労働者である特定の個人をさすばあいにも、使うことにする。

栄養士は、地域の諸営業店（委託をうけて給食業務をする職場）を束ねまた新規開拓をする「マネージャー」職にあがっていき、調理師は「チーフ」職にのぼっていく、というコースが、この会社では設定されているようであった。チーフとなる者は、新規に開拓したところに切り込み隊長としておくりこまれるというように、転々とさせられ、車で二時間以上もかけて出勤することをせまられるようであった。

パート労働者では、何日ともたずすぐにやめてしまう人や一か月ぐらいでやめてしまう人が多かった。洗浄機にかけるのに食器の汚れをものすごいスピードで落とさなければならず、体力が必要であり、腰が痛くなったからである。それにも増して、盛り付けの仕事が細かく、憶えきれない、となったからである。

入居者のなかには、食べ物を飲みこむのが困難になっている人が多く、その程度も違った。その程度に応じるかたちで、調理されたものを加工しなければならなかった。この施設では、調理されたものをそのまま盛り付けたのを「常食」、一センチ角ぐらいにしたのを「キザミ（刻み）」、一ミリ以下にしたのを「超キザ（超刻み）」、そしてミキサーにかけトロミ剤を入れてゼリー状にしたのを「ミキサー」と呼んだ。このようなかたちで加工することが「形態別にする」であり、「これを形態別にして！」とかと使った。刻むためには、フードプロセッサーに加減しながらかけるか、包丁で切るかした。超キザにするためには、ほとんどのばあい、フードプロッセッサーで勢いよくまわした。この器具を使うことを「まわす」と呼んだ。

右のことであるならば、まだ、慣れればできる。これにくわえるに、常食なんだけれども、肉は噛み切れないのでそれだけをキザミに、さらには超キザにしてほしい、というような人がいる。これを「形態変更」と言う。さまざまなかたちでこういう人が結構いる。

また、人によっては嫌いな食べ物がある。鶏肉は嫌い、肉は嫌い、サバは嫌い、魚は嫌い、ブロッコリーは嫌い、ピーマンは嫌い、などなど。これを「禁」ないし「禁食」と言う。こういう人には別のものを用意しなければならない。前は卵アレルギーの人がいて神経を使ったのであったが、いまは、アレルギーゆえの「禁」の人はいず、嫌いであるがゆえに「禁」の人だけである。

「形態」についてはその人の食札（お盆にのせてあるそれ）の色を、白・緑・赤・青というように区別してあり、「形態変更」や「禁食」については、その食札に書いてあるのだが、それをいちいち見たうえでやっていたのでは時間がかかって仕事にならない。自分のメモ帳に書いておき、それを見ながらやりつつ、徐々に憶えるようにしなければならない。けれども、いろんな種類のことをいっぱい書かなければならないので、自分にわかるようにメモし、それを見る、ということ自体がたいへんなのである。これまでやってきた仕事がメモをとらなければならないようなものでなかった人のばあいには、なおさらなのである。しかも、日々入所の人・退所の人がおり、同じ人でもしょっちゅう変更があるので、――これについては連絡ノートに書いてあるのだが、――それにしたがって、自分のメモや記憶の内容をそのつど訂正していくのは、並大抵のことではない。多くの人はここで挫折してしまうのである。

しかも、少ない人数で多くの仕事量をこなさなければならないことからして、みんな殺気立っている。いまは意識的にいじめる人はいないけれども、もたもたしていると、「メモに書いてないの！」「まだ憶えてないの！　これぐらい憶えてよ！」と怒られる。教えてもなかなかわからない人だ、とイライラした気持ちをぶつけられることもある。こういう気持ちをぶつけられると、その人はちぢみあがってしまう。さっさとやめてしまう人もいる。

けれども、家庭の事情で働き頭となっているがゆえに、やめるわけにはいかないという人もいる。こういう人はやめることのないように守らなければならない。

私は自分自身の仕事をしながら、「これは（肉の）キザミだから、ここから取って、〈常食〉で〈肉のみキザミ〉を一つ作って、何ユニットの人に付けて」と、指示するのである。そして、その人が・盛り付けたその保温食器をお盆に置いている、という雰囲気を感じとって、そっちの方に目をやり、間違っていたら「違う。違う。手前のワゴン。白（常食）に、緑のしるしで〈肉のみキザミ〉と書いてある人」と叫ぶのである。

別の余裕のあるときに「間違っていたら、大声で言うけど、我慢してね」と言っておいて、その人が間違わないでできるように、そのつどそのつどそのように私は指示するのである。

その人がやっていることの間違いをただすだけで、〝何やってんの〟というような感情を私が抱かないならば、いくら大声で言っても、その人は感性的ダメージをうけることはない。私はそう思って、そうしているのである。私も余裕があるわけではないので、バンバン言う以外にないのである。その人は、指示に従って正しく作業することをつみかさね、そうすることをとおしてそれを体得していく、というようにしなければならない、と私は思うのである。

一五分未満は切り捨て――支社長と話す

二〇一五年〔この項を執筆した年〕の一月のある日、すき家の第三者委員会報告書の一部分のコピーを、私は職場にもっていった。労働者に一人で深夜の長時間の労働を強いるとかと、悪いことをやっていたあのすき家の、である。

そこには、やっている悪いことの一つ、「サービス残業」の一形態として、「すき家においては、非管理監督者の社員に対し（クルーに対しても）、15分単位で、かつ15分に満たない端数時間については切り捨てて、勤務時間を申告させる労働時間管理がなされている」と、書かれてあった。

これはわが職場でも同じである。いくら早くから出勤し仕事を始めても、労働時間としては、労働の開始は、シフト表で指定された時刻から、としかカウントされず、労働の終了は、一五分刻みでしかカウントされなかった。たとえば、仕事が終わったのが二〇時五九分であり、その時にタイムカードを押し、そこにはその時刻が印字されたとしても、賃金計算では、労働の終了は二〇時四五分としかカウントされなかったのである。しかも、開始のほうについては、指定された時刻の一〇分前には、服を着替え手を洗って調理室で仕事を始めることができるようにしておくこと、と会社側から指示されていた。実際には、もっと早く来ないことには間に合わない恐れが出るような労働配置が組まれていた。

この日は、私は「C」番（九時〜一五時）であった。すでに出勤していた人に、また、あとで出勤してきた人に、コピーを渡して「これ、ここも同じだよ。何とかしようよ。それと賃上げかちとろうよ」と声をかけた。このとき、「きょう、支社長が施設（長）にあいさつに来るよ」と教えられた。「じゃあ、話するよ」と私は答えた。

「賃上げ」と私が言ったのは、前回、つまり去年の九月のパートの契約更新のときには、時給を上げてくれ、とさんざん言ったのに、会社は私など一部の者の時給を一〇円上げて七六〇円にした（「早」番など早朝からの勤務にかんしては、すでに時給八〇〇円となっていた）にすぎなかったからである。調理補助は、低賃金の職種の一つなのであるが、七六〇円というのは、この地の水準からしてもきわめて低いのである。

勤務が終わったあと、支社長らを私は待った。

東日本支社長だけではなく、定年で部長職をやめて顧問職となっている人、課長、定年で一旦やめたけれども睨みをきかせるために呼び戻されたマネージャー職の女性、マネージャー職をめざしているところの・いまは厳しい人手不足の状況のゆえにこの営業店を切り盛りしている・若い栄養士らにも、「みんな、居てほしい」と私は言った。

すき家の例のコピーをしめして私は言った。

「話したいことは、二点、ここの労働時間の計算の仕方を改善してほしい、ということと、時給を上げてほしい、ということです。

すき家が労働者にサービス残業をやらせている、違法なひどいやり方の一つとして、一五分刻みということを、第三者委員会は挙げています。ここも一五分刻みになっています。一五分に満たない時間は切り捨てられてしまいます。一分刻みというか、時間どおりに改善してほしいと思います。

それに、一〇分前には仕事ができるようにしておくこと、と会社から言われているんですが、これもそれだけ余分に働かせることになるんじゃないでしょうか。

それともう一点、いろいろ休まなければならない人もいて、この職場はたいへんです。みんな頑張っています。消費税も上がりました。それで、みんなの時給を上げていただきたい。みんな、いくらかずつでも上がる、上がらな人がない、というようにしてほしい、と思うのです。」

一時間ほど話した。

支社長の返答は次のようなものであった。

一〇分前には仕事を始められるようにしておく、ということについては、「それはできません。会社がそう指示すると、その時から労働時間になります」と、彼は答えた。「じゃあ、その指示は、なし、ですね」と、私は確認した。ギリギリに調理室に入ればよい、ということになった。

一五分刻み、ということについては、「すき家の報告書は私も読みました。一五分刻みはどうか、と労働基準監督署に言えば、おそらく改善勧告が出るでしょう。しかし、ほとんどの会社は一五分刻みです。三〇分刻みというところもあります。すき家もこれだけでブラック企業とされたのではないでしょう。これについては私の一存ではいかないので、本社の人事にあげておきます」ということであった。これについては、社会的にそうなっているので、たとえ問題にされても、会社にキズがつくことはない、と支社長はたかをくっているようであった。返答がくることはない、と判断できた。

賃上げについては、「厳しい職場事情のもとでみんな頑張っていることは聞いたので、(当該の上司たちが)いろいろ配慮して考えるでしょう」という答えであった。その場の全体としては、考える、しかし結果はどうなるかわからない、というものであった。

マネージャーは「ここでの話はみんなには言わないでよね」とおさえにかかってきた。「言うよ」と私は押し切った。

その次の日、朝食時にも、昼食時にも、私は職場に行って、食事のあとに、その前日の話を報告した。「私はきょうは「遅」なので、いったん帰ってギリギリに出て来るよ」と、私はみんなに言った。これにたいして、この日、仕事の応援に来ていたマネージャーは「そうして。言いだした野原さんがそうしないと、おかしなことになるからね」と答えた。お開きになったあと、「みんな、不満や言いたいことがあったら、直接、私や○○さん（若い栄養士）に言ってよね」と、彼女は、動きだしたみんなに必死で訴えた。

私はその日から実行した。

みんなはどうするか。確認をとり、それを伝え、そうすることを呼びかけ、私は実行した。けれども、職場のみんな一人ひとりがそれを実行するには、その人は決断しなければならないのであり、勇気がいるのであり、主体が問われるのである。

パート労働者がギリギリに職場に飛びこんできて早技のように着替えてタイムカードを押す、というような職場は、いっぱいある。他方、業務委託契約を打ち切られて倒産した、私の前の会社では、定刻の三〇分前に職場に来るように、と社長から言われていた。問題は、現状を変える、パート労働者が・これまで自分たちが不満を抱きながらもやむなくやってきたことを・自分たちの力で変える、変える主体に自分自身がなる、ということにある。自分たちがかちとったものを、マネージャーやマネージャーをめざす若い栄養士らの冷たい視線をはねのけて、自分自身が実行し、職場の仲間たちの労働者としての団結をつくりだし強めることにある。

会社側は巻き返しにうってでてきた。その次の日（支社長が来た翌々日）は私は休みであったのであとで知ったことなのであるが、課長やマネージャーが職場にやってきて、パート労働者と個別面談をやった、というのである。不満はないか、あったら言ってくれ、と。

契約更新のとき

三月の中頃になって、マネージャーが職場に来て、若い栄養士とともに、パート労働者の契約更新の手続きを、順次個別におこなった。

時給が上がったのは、私と組んで仕事することの多い、私よりも少しばかり若い女性労働者だけであった。七五〇円であったのが、一〇円上がって七六〇円に。比較的長く務めているところの昼・夕勤務の人については、全員七六〇円にした、ということなのである。年月の浅い人は、七五〇円のままである。

コンチクショウ！　頭にくる。……力およばなかった。

一五分刻みということについてはどうなったのか、と私が聞いたことに、マネージャーは次のように答えた。「返答はまだきていない。会社全体にかかわるので、早くとはいかないと思う。そこで、この職場で、柔軟に対応したい。できるだけ一五分刻みの時刻に終わるように、仕事をくみたててほしい。また（「遅」のばあいには最後までやらざるをえず、そうもいかないから)、あと一分・二分で区切り目の時刻になるというときには、その時刻が過ぎるのを待ってタームカードを押すようにしてほしい」、と。この職場にかんするかぎりは、会社としては、譲歩したといえる。と同時に、問題をこの職場だけのことがらに封じこめ、(私によって)社会的に問題にされかねない火種を消す策を講じたのだ、といわなければならない。これもまた、力およばず、である。

一・二分待って、ということをみんなに伝え、実行しなければならない。

労働時間が一五分刻みで計算されている職場では、区切り目となる時刻に仕事が終わるように――時々しかやらないことをするとかいつもよりもきれいにするとか、あるいは逆に一定の仕事はあとの人ないし次の日に残すとかして――調整する、ということは、パート労働者たちが普通にやっていることである。

私が働きかける、職場のパート労働者仲間の側からいえば、問題は次のように提起されている。

自分と同じパート労働者が、支社長やマネージャーらの会社側と交渉することをとおしてかちとったことがらを、自分たちが、よしやるぞ! みんなでやろう! という自覚と決意をもって、公然と実行することこそが、必要なのだ、と。しめされた答えはきわめて中途半端なものではあるが、パート労働者の一人が・自分たち労働者みんなの力にささえられその力をもって・会社側と交渉することによって・それをかちとったのだ、という自覚のもとに、一・二分なら待つ、ということをみんなで実行し、労働者の力を、その団結を強化していくことが肝要なのである。

ただ、私たちの職場では、細かな多数の仕事からなる一つのないし一連の業務を・その担い手が交代しながら何人かで労働組織を編成して・協同労働というかたちで・遂行しているので、「遅」番・「遅遅」番（夕食後の洗浄および掃除だけの仕事）以外の勤務のパート労働者は、区切り目となる時刻を待って・ないし定刻がきたらすぐに・タイムカードを押すことは比較的容易であり、すでに実行していることでもある。区切り目となる時刻まで自分がやるべき仕事を見つけだすことも、逆に、直接にいま自分がやっている仕事を定刻には終えてあとは他の人にまかせる、ということもそれなりにできるからである。

主婦として・あるいは子どもの親として、できるだけ早く家に帰ってやらなければならないことがあるのに、配置されている人が少なく、遅れに遅れ・たまりにたまっている仕事をやり終えないことには帰れない、というときは別である。

一五分刻みという労働時間の計算の仕方は、時給という賃金支払い形態のうえでの搾取の強化なのである。パート労働者たちは、団結して、この搾取の強化に反撃しなければならない。

労働組合はあるけれども

この会社には、正規雇用の労働者からなる労働組合がある。この組合は、パート労働者をも組織化する、というようにしてはいない。

以前に、職場の控室におかれていた、組合のニュースを見たとき、そこには次のような情景が描かれてあった。

組合側は「会社の報告では、ほとんどの営業店が慢性的に赤字ということだが、これを何とか打開してほしい」と会社側を追及していた。「できるだけ成績の良い営業店にわが社の力を集中し集約するように、調理師や栄養士の社員を適正に配置して、赤字を解消するようにしたい」と、会社側は、これに答えた。「早急にお願いしたい」と組合側はそれを後押しした。

ようするに、赤字幅の大きい営業店については業務委託契約を打ち切ってそこから撤退し、その職場のパート労働者の首を切り、利益の上がる余地のある営業店に、そしてまた新たに開拓した職場に、正社員を転勤させ、そこの業務の遂行を効率的なものにする、ということなのである。これは、現存のパート労働者を切って捨て、正社員には長距離勤務と労働強化を強いる、というものなのである。組合指導部は、団体交渉での追及というかたちをとって、会社側のこういう方針をひきだし、その尻押しをしたのである。何と反労働者的なことか。

ほとんどの営業店が赤字だ、というのはいかにもおかしい。順当に考えるかぎり、これでは会社自体の利益が上がらないからである。

わが職場も、赤字だ、とずっと言われてきた。今どうなっているのかはわからない。

これには、次のようなからくりがあると思われる。各営業店の責任者およびその上の各級の管理者たちに、人件費を削減させるために、つまり正規および非正規雇用の労働者たちの賃金をきわめて低いものにおしとどめさせるために、各営業店の赤字を意図的につくりだしているのではないか、ということが、それである。この会社の子会社として、食品商事会社がある。各営業店は、生鮮野菜以外の一定の食品をこの商事会社から仕入れている、と思われる。この食品の価格を高くつけるならば、営業店で出た利益をこの商事会社に吸収し、前者を赤字に転落させることができるのである。実際にどうであるのかは、私にはその食品種類とその価格がわからないので、わからない。いろいろと子会社をつくりだしている諸独占体のやり口を念頭において推測したまでである。

また、この会社は、その株式を上場していないと思われる。そして、少なくとも近年は、この会社それ自体が、赤字を計上しているようである。このことは次のことと推察できる。この会社は非上場であり、株価をつりあげる操作をする必要がないことのゆえに、法人税を納めなくてもよいようにするために、何らかのかたちで利益を社外へ流出させ、会社の収支を赤字にしているのだ、と。これも推測である。

たしかなことは、会社経営陣と管理者層は、営業店の多くが赤字であることを活用して、マネージャーや、各営業店の責任者であるチーフ調理師や栄養士に、赤字を克服し利益を出すために、あらゆる手をつかって、契約社員やパートの労働者の賃金を低い水準におしとどめ、労働時間を短く計算し、彼らをこき使う、という意識を徹底的にうえつけ、そのようにひとりでに頭がまわるようにしむけ、実際に実行させていることである。こうした調理師や栄養士である正社員の賃金をきわめて低いものとしたうえで、である。彼らは、自分の賃金が低いがゆえに、非正規雇用の労働者たちの賃金を、自分よりもさらにさらに低いものしないことには、我慢がならないのである。

わが職場に応援に来た四〇歳代の男の調理師は、「どうして独身なの?」と問われて答えた。「うちの会社では、結婚してからこの会社に入ったんならいいけど、この会社に入ってから結婚しようとしても、この給料じゃ、嫁さんに来ようという人いないんだよ」と。

各営業店では、正規雇用労働者は、責任者である一人しかいないか、若い人との二人かであることが多い。これらの労働者たちは、若い人をふくめて、契約社員やパート労働者たちを管理するという任務を負わされる。彼らは、会社のより先輩の管理者たちから、同じ正社員として、大切にされ、なれなれしくされ、仲間意識をもたされる。この雰囲気に心地よさを感じて、彼らは、非正規雇用労働者には、上から目線となる。彼らは、後者の労働者に仕事を教えるのがうまくいかないときには、イライラした気持ちをぶつけたりもする。

こうして、非正規雇用労働者のなかには、彼らに怖れをいだき、神経の平衡を失う者もでる。こうした労働者はすぐにやめてしまう。がんばるぞ、という労働者たちは、彼らを嫌い、憎み、彼らに敵愾心をもつ。労働者としての権利意識をもつ非正規雇用の労働者たちは、彼らを敵とさえ感じる。

自分へのこの憎しみの感情を感じとった正規雇用労働者たちは、非正規雇用労働者たちをおさえつけ、自分に従わせようとする。

こうしたことは、総じて、会社経営陣と管理者層には、思う壺なのである。たとえやめる者が相次いだとしても、非正規雇用労働者たちと正規雇用労働者たちが団結して、自分たちに歯向ってくるよりも、好都合なのである。

私はパート労働者である。このゆえに、パート労働者仲間の団結をつくりだし、さらにこの輪をひろげていく、というように考え、そう実践しているのである。

まさに、労働者たちが、職場で、どのように団結してたたかうのか、自分自身が、いかにしてこの団結する主体へと自己脱皮するのか、ということこそが、問題なのである。このことが出発点をなすのである。

〔2〕マルクスの立場と方法をわがものとし貫徹する

世界を変革する立場＝実践的立場にたつ

若きマルクスは言った。

「哲学者たちは、世界をさまざまに解釈してきただけである。肝要なのは、世界を変革することである」（「フォイエルバッハにかんするテーゼ　一一」）、と。

私は、若きマルクスのこの変革的実践の立場をわがものし、おのれ自身につらぬくことを意志する。

われわれは、現に在るこの資本主義社会そのものをその根底から変革する、この資本制生産様式そのものを否定する、という実践的立場にたつのでなければならない。これが、二一世紀現代世界のこの社会に生き生活し苦悩し思惟しているわれわれの出発点である。

実践的立場にたつわれわれは、マルクスの『資本論』を、われわれが対決しているこの資本主義経済を本質論的に明らかにしたものとして、つかみとらなければならない。労働者階級の階層的な分化を促進し極貧層をどんどんと拡大しつつある今日の資本主義を、マルクスが対決した一九世紀中葉の資本主義、マルクスが『資本論』というかたちで体系的に把握したその物質的基礎をなす資本主義、この資本主義がさまざまに形態変化をとげつつ延命してきたものとして、われわれは捉えるのである。

ここにおいて、この資本主義の現実を、実践＝認識主体としてのわれわれはどのように分析し理論的に把握するのか、という方法論を、われわれはつかみとらなければならない。

資本主義の現実を分析する方法の主体化

実践的立場にたつわれわれが主体化しなければならないのは、『資本論』を書いたマルクスの方法、彼が対象的現実を分析し研究し理論的に体系的に展開するために駆使した方法、すなわち彼の頭のまわし方そのものにほかならない。このマルクスの方法は、下向・上向の弁証法と呼ばれる。

われわれは、対象的現実を変革するために、この現実を下向的に（すなわち、ほりさげて）

分析することをとおして、この現実を規定している本質的なものをつかみとる、と同時に、われわれがつかみとったところの内容を、われわれの認識下向の終局をなすこの本質的なものから、われわれの認識の出発点をなす・われわれが現実を直接的に反映したものを捉えかえすかたちで上向的に綜合的に展開するのである。われわれは、このようにして対象的現実を概念的に把握するのである。——これが、マルクスの下向・上向の弁証法なのである。

『資本論』を学習するわれわれは、このような立場と方法を自分自身につらぬこう。

III 『資本論』の体験

〔1〕『資本論』は、生産者を収奪した資本主義の成立史からはじまっていなかった

私は、若いころ、受験のために勉強し競争していい学校に入り、いい会社に就職して、いい生活をすることをめざす、という生き方はいやだ、そんな生き方をいいとするこの社会を変えるんだ、と考えていた。考えない大人たちで成り立っているこの世界を変えるために、——大人たちはもう駄目だが——自分たち若い世代を、考える人間にしなければならない、と考えていた。当時はアメリカとソ連とがあらそっていたが、国と国が戦争する、ということを認めるのは、世界を変えることができると考えないからだ、とおもっていた。

私は、友だちといろいろと話しながら、この資本主義社会をひっくりかえすために『資本論』を読まなければならない、と考えた。しかし同時に、『資本論』を読むのはまだ早い、とおもった。マルクスの『賃労働と資本』や『賃金・価格および利潤』を先に読んだ方がいい、ということも、私はまだ知らなかった。本屋に行くと、ソ連の『経済学教科書』と並んで、それの圧

縮版のようなソ連製の本の訳本が二種類あった。一つは、新書版のぶ厚い目の一冊であり、もう一つは、新書版で二冊であった。私はこの両方を買って読み比べた。

一冊本の方は、農民から生産手段を収奪して資本主義が成立した、という資本の根源的蓄積過程の分析からはじまっていた。二冊本の方は、商品にかんする叙述からはじまっていた。私は、前者の方が、どんなに悪いことをして資本主義が誕生したのかがよくわかるので、こちらの方がいい、とおもった。

ところが、である。

いろんな友だちのなかに、『資本論』から読むべきだ、と強硬に主張する女の子がいた。その子はブルジョアの家庭の子であった。『資本論』をもっていた。それをちょっと見せてもらうと、一番最初に書かれてあったのは、商品であった。私は、ヘェー、そうなのか、とおもった。私の思いはくつがえされた。

ずっとあとになって、これは、『資本論』における論理的なものと歴史的なもの、すなわち、資本制生産を論理的（＝歴史的）に把握することと、資本制生産が成立した歴史的過程を歴史的（＝論理的）に把握することとをどのように論理的につかみとるのか、という問題にかかわる、ということを、私は知った。

両者のどちらの本にも書かれてあったことで、これはおかしい、と疑問におもったことがあった。それは、「私的労働と社会的労働との矛盾」ということであった。資本主義社会においては、労働者は資本家に雇われて労働しているのだから、その労働を私的労働と呼ぶのはおかしい、ここに「私的労働」というものをもちだし「私的労働と社会的労働との矛盾」と論じるのは間違いである、というのが、私の疑問であった。

のちに『資本論』を読んだときに、そのなかに「私的諸労働」という規定がでてきた。そのあたりの展開は、ソ連製の本にでてくる「私的労働と社会的労働との矛盾」というような形式主義的で平板なものではないことをつかみとったのであったが、「私的諸労働」という用語をマルクスが使っていることをどのように理解すればいいのか、ということは、私にはわからなかった。

さらにのちに、この問題は、『資本論』の体系的叙述をどのように論理的に把握するのかということにかかわる大きな問題である、ということを私は知った。

その当時、アメリカだけではなくソ連もまた核実験をやっていたので、核実験をやるような国の社会はおかしい、アメリカのような社会をひっくりかえさなければならないし、ソ連のような社会もひっくりかえさなければならない、と私は考えていた。このことが、マルクス主義関係の本をいろいろと読んで教えてくれた・共産党にひかれている友だちとは異なって、私がマルクスにスーッと入っていけないものであった。他面では、日本のこの現実を変え・自分自身を変えるためには、マルクスの『資本論』を読まなければならない、ということを私は痛切に感じていた。

現在のソ連を規定しているイデオロギーは、マルクス主義ではなく、マルクス主義を歪曲したスターリン主義である、ということを、共産党に否定感をもっている友だちが私に教えてくれたのは、ソ連製の二種類の本を読み比べていた・その数か月後のことであった。

若い人たちが、自分自身がどのような意欲と構えと問題意識をもって『資本論』を読むのか、ということを考える一助となるように、いま、私は、私の体験を語ってきた。何十年も前にはこのような若者もいた、とおもってもらえばいい。

私は、いま、『資本論』を、マルクスの精神を、おのれの実存的支柱としている人間である。

〈2〉われわれは『資本論』の冒頭の商品におのれを見る

『資本論』の冒頭の商品は労働力商品である。したがってまた同時に、それは、労働力商品によってつくりだされたところの資本制商品である。
『資本論』を読むわれわれは、この商品におのれを見る。われわれはおのれの労働力を商品として売る以外に生きることのできない存在なのであり、賃労働者である。商品の自己展開としての『資本論』の体系的叙述は、われわれ賃労働者の自覚内容としての意義をもつ。われわれはおのれが何であり何であるべきかを自覚するために『資本論』を読み、その内容を主体化するのである。

資本制生産のもとに編みこまれている労働者であるわれわれは、人格的に自由であると同時に生産手段から自由であるという、二重の意味で自由な労働者、すなわち賃労働者＝プロレタリアである。われわれは、生産手段から自由である・すなわち・生産手段を持たないがゆえにみずからの労働力を商品として売る以外にない存在なのである。資本制生産は、一方における生産諸手段の資本としての集中と、他方における二重の意味で自由な労働者すなわちプロレタリアの存在を物質的条件とするのである。

ここにおいて、このような、生産手段の資本としての集中と二重の意味で自由な労働者とがいかにしてうみだされたのかという歴史的過程をふりかえることが、すなわち歴史的反省が必要となる。

国家権力の暴力によって直接的生産者たちは生産手段を奪われたのである。イギリスにおけるエンクロージャー運動が、それである。土地およびその他の生産諸手段の一切を収奪されたところの、農奴あるいは独立自営農民であった人びとは浮浪民となって都市に流れこんだのである。彼らは、雇い主を見つけそのもとで働かなければ鞭うたれ額に焼き印を押され死刑に処せられるという、国家権力からの強制によって、生産手段を所有する資本家に監督されて働く賃労働者となったのである。

就職し資本のもとで働くのを当然のこととしている今日の労働者は、遠い昔からそうであったのではない。このような強制と訓練によって生みだされたのである。われわれは、鞭うたれ額に焼き印を押され死刑に処せられたわれわれの先輩たちの悲しみと悔しさと怒りと、これを根底からくつがえす熱情と意欲と精神を、自分自身の内面に深く沈潜させているのである。

したがって、労働者階級の解放は、収奪者を収奪すること、すなわち、労働者階級が資本家階級から一切の生産手段を収奪し、階級としての自分たちの共同所有とすることを基礎とするのである。

われわれは、賃労働者＝プロレタリアとして、このことを歴史的使命とするのである。われわれはこのことを自覚しなければならない。

〔3〕根源的蓄積過程にかんする叙述を冒頭におくべきだ、と考えたことも無益ではなかった

何十年も前に、私が当初、ソ連製の経済学教科書の圧縮版のような二つの本を読み比べて、経済学の本では、資本の根源的蓄積過程（本源的蓄積過程、原始的蓄積過程とも訳される）にかんする展開を冒頭におくべきだ、と考えたことも無益ではなかった、と今日的に私はおもう。商品に始まる『資本論』の体系的叙述を、根源的蓄積過程によって生みだされた資本制生産を解明したものだ、と私は頭から＝何ら疑うことなく考えたからである。

いまから考えると、ソ連製の圧縮版教科書では、商品にかんする展開、すなわち商品の使用価値および価値、そして商品にあらわされた労働の二重性にかんする展開は、単純商品にかんするそれとして論じられていた、といえるのであるが、私はそのようには理解せず、資本制商品にかんして明らかにされているものとして読んだのである。

そして、商品の物神性のところにでてくる、「私的労働と社会的労働との矛盾」ということ

にかんしては、これはおかしい、工場でこき使われている労働者の労働は私的労働とはいえない、と考えたのである。

総じて、今から考えると、ソ連製の圧縮版教科書では、『資本論』においては単純商品生産から資本制商品生産への歴史的発展の過程が叙述されている、と解説するものとして、その内容がかいつまんで展開されていたといえるのであるが、私はそうは読まなかったのである。そういうソ連製の解説に私が毒されなかったのは、そのソ連製の解説自体を、根源的蓄積過程という、農民からの土地の収奪によって生みだされた諸関係のもとでの商品が論じられているものとして当時の私は読んだからだ、と私はおもうのである。

我田引水ながら、私のこの体験に照らして、『資本論』第一巻の最後で展開されているところの資本の根源的蓄積過程にかんする論述をつかみとることが、『資本論』の体系をわれわれが主体的に把握するうえできわめて重要である、と私は考えるのである。

〔4〕 賃労働と資本の矛盾的自己同一

資本主義社会を資本主義社会として成り立たせている本質的実体は、賃労働と資本との二実体であり、この資本主義社会は賃労働と資本との関係を基礎にしているのである。すなわち、資本主義社会を規定するところのその本質は、賃労働と資本との矛盾である。

賃労働は資本なしにはありえず、資本は賃労働なしにはありえない。資本とは、蓄積された賃労働にほかならない。自己運動する価値たる資本は、労働者たちの生き血を吸って肥え太っていくのである。

この意味において、賃労働と資本とは矛盾的自己同一をなす。

このような賃労働と資本との関係、すなわち資本関係は、一方における生産諸手段の資本としての集中と、他方における二重の意味で自由な労働者、自己の労働力以外に何も持たない労働者の存在を根源とする。資本として集中された生産諸手段と賃労働者の労働力とが合体されることによって生産が実現される。これが資本制的商品生産である。すなわち、資本としての貨幣が転態したものとしての生産手段および労働力商品、この生産手段の使用価値とともに労働力商品の使用価値が消費されることによって、商品が生産されるのであり、この過程が直接的生産過程なのである。

資本として集中された生産諸手段と自己の労働力を商品として売る以外にない労働者とのこの関係が資本制生産関係である。資本の人格化が資本家＝ブルジョアであり、賃労働の人格化が賃労働者＝プロレタリアである。資本家も賃労働者も階級を形成し、資本家階級＝ブルジョアジーと労働者階級＝プロレタリアートとが階級的に対立する。このようなものとして、資本制生産関係は、ブルジョアジーとプロレタリアートとの階級的な対立の関係をなすのである。資本家階級と労働者階級とのこの階級的な敵対関係は、直接的生産過程における資本による賃労働の搾取の関係すなわち資本関係の社会的直接性におけるあらわれにほかならない。

したがって、賃労働者が資本家による搾取からみずからを解放するためには、すなわち労働者階級が階級として自己を解放するためには、資本制生産関係をその根底から転覆しなければならない。資本家階級が収奪した生産諸手段を彼らから収奪し、階級としてのみずからの所有とすることが、労働者階級がみずからを解放する基礎となるのであり、このようなかたちで資本制生産関係をくつがえすために、労働者階級はみずからを階級として組織しなければならない。

〔5〕 幼虫から成虫へ——ここがロードゥス島だ、ここで跳べ！

『資本論』第一巻第二編第四章「貨幣の資本への転化」に次の叙述がある。

「だから資本は、流通から発生しえないのと同様に、流通から発生しえないのでもない。それは流通において発生しなければならぬと同時に、流通において発生してはならぬ。……幼虫から成虫への彼〔資本家〕の発展は、流通部面で行われねばならず、しかも流通部面で行われてはならぬ。以上が問題の条件である。ここがロードゥス島だ、ここで跳べ！」（『資本論』長谷部文雄訳、青木書店版、三一三頁。——以下、本書からの引用は頁数のみを記す。傍点は原文）

私はこの叙述に魅かれた。

これぞ、弁証法！ である。

「ここがロードゥス島だ、ここで跳べ！」というのは、調べてみると次のようなことだった。

これは、イソップの寓話に由来する。古代ギリシャでのことであるが、ある男が「俺はロードゥス島で、記録に残る跳躍をやったんだ」、と吹聴した。これを聞いていた別の男が言った。「ここがロードゥス島だ、ここで跳べ！」と。

資本家の幼虫である貨幣所有者は、流通界すなわち市場において、それの使用価値が価値の源泉であるような、つまりその使用価値の消費が労働の対象化でありしたがって価値の創造であるような一商品、すなわち労働力を見いださなければならない。

〔6〕 商品＝労働市場と直接的生産過程

資本家の幼虫である貨幣所有者は、商品＝労働市場にみずからの貨幣を投じて、一方では生産手段を買い、他方では労働者の労働力を買う。封建制的な身分的紐帯から自由であると同時に生産手段から自由である、つまり生産手段を持たない労働者は、自己の労働力を切り売りする以外になく、貨幣所有者はみずからの貨幣をこの労働力と交換するのである。ここにおいて、二重の意味で自由な労働者の労働力は商品となる。

労働力という商品の使用価値は、これが価値の源泉であり、この使用価値の消費が価値の創造となるという独自性をもつ。

労働力という商品の価値は、この商品と労働者の生活に必要な生活手段との価値関係をとおして決定される。すなわち、労働力商品は労働者の生活手段をみずからに等置する。こうすることによって、この労働力商品の価値は、商品である生活手段の使用価値においてあらわされる。その価値の大いさは、労働力の再生産および生産に必要な生活手段の価値によって規定されるのである。

生産手段と労働力とを手にした資本家は、生産手段の使用価値とともに労働力の使用価値を消費する。このことをとおして生産物がうみだされるのであり、この過程が資本の直接的生産過程をなす。この生産物は資本家の所有物であり、資本家はこの生産物を商品として販売し貨幣を手に入れるのである。

このように、資本の直接的生産過程は商品＝労働市場を前提とし、それによって措定されると同時に、資本の直接的生産過程によって商品＝労働市場が措定されるのである。商品＝労働市場は直接的生産過程によってその根底から規定されると同時に、商品＝労働市場は直接的生産過程の絶対的基礎をなすのである。

商品＝労働市場においては、貨幣の所有者と労働力という商品の所有者とが相対するのであり、この両者の関係は、人格的に自由・平等な関係をなす。商品＝労働市場の直接性における

商品＝労働市場と
直接的生産過程の弁証法

この関係が、実は貨幣関係によって隠蔽された階級関係にほかならないことが、直接的生産過程においてあらわとなるのである。

直接的生産過程においては、労働者が生産手段にみずからの労働力を対象化して生産物をつくりだすのであるが、実は、これは、生産手段という姿態をとった死んだ労働が労働者の生きた労働を吸収して自己を増殖する、ということにほかならない。すなわち、これは、死んだ労働たる価値の自己増殖なのである。このようにして自己増殖する価値が資本であり、資本は、その姿態を変えながら増殖する価値の運動をなす。

このように、直接的生産過程においては、その客体的契機をなす生産手段も、その主体的契機をなす生きた労働も、ともに資本の定有となるのである。

この直接的生産過程において、資本たる生産手段が労働者の生き血を吸って肥え太るのである。これが、資本による賃労働の搾取である。資本は、労働者の生き血たる生きた労働の凝結物なのであり、生きた労働はそれ自体、資本の定有なのである。このように、資本と賃労働とは同じものの二側面なのであって、この両者は矛盾的自己同一をなすのである。

直接的生産過程において資本が賃労働を搾取する関係が資本関係なのであり、商品＝労働市場における・貨幣商品の所有者としての資本家はこの資本の人格化にほかならず、労働力という商品の所有者たる労働者はこの賃労働の人格化にほかならない。商品＝労働市場における商品所有者同士の自由・平等な人格的関係は仮象なのである。

商品＝労働市場における貨幣商品の所有者と労働力という商品の所有者との関係は、一方における生産諸手段の資本としての集中と、他方における・自己の労働力以外には何も持たない労働者すなわちプロレタリアの存在という資本制生産関係を根源とし、これにその根底から規定されているのである。その生産関係は、資本家階級すなわちブルジョアジーと、労働者階級すなわちプロレタリアートとの階級関係なのである。

資本制生産においては、この生産関係は、したがってこの階級関係は、資本と賃労働の関係という物化された形態をとるのである。資本制生産をその物化された形態において明らかにするのが資本制経済学なのであり、資本制経済の普遍的本質論なのである。

〔7〕　論理的なものと歴史的なもの

貨幣の資本への転化は流通界においておこなわれるのであり、かつ流通界においておこなわれるのではない。この論理的把握は資本発生の弁証法と呼ばれる。これは、貨幣から資本がどのようにしてうみだされるのかということの論理的把握である。

人間の歴史の発展の過程をふりかえるならば、資本は、イギリスにおけるエンクロージャー運動に典型的にしめされたところの、直接的生産者から生産諸手段を収奪する歴史的な過程をとおしてうみだされたわけである。マルクスは、この歴史的過程を資本の根源的蓄積過程として分析しあばきだしたのである。

マルクスは、前者の・貨幣の資本への転化の論理的把握にかんしては、『資本論』の第一巻第二編第四章において展開しており、後者の・資本の根源的蓄積過程にかんしては、第一巻の第六編第二四章で叙述しているのである。

『資本論』は、この資本主義社会において完全に疎外されている存在たるプロレタリアにとっては、自分自身の自覚内容の対象化として意義をもつ。

プロレタリアであるわれわれは、自分自身がみずからの労働力を商品として売る以外にない存在であることを自覚し、このような存在である自分たちプロレタリアはどのようにしてうみだされたのかというように、おのれをつくりだした歴史的根源を把握しなければならない。これが歴史的反省である。これを、われわれは、『資本論』の第二四章の資本の根源的蓄積過程の分析を学ぶことをとおして実現するのである。

プロレタリアであるわれわれは、自分が、国家権力の暴力によって直接的生産者から生産諸手段が収奪されたことをとおして——この生産諸手段が資本として集中されたことの他面において——うみだされたのであることを自覚し、資本の人格化たる資本家、この資本家の階級からすべての生産諸手段を収奪することを基礎にして人間労働の資本制的疎外を廃絶することをおのれ自身の歴史的使命とするのである。

〔8〕 労働過程と価値増殖過程

商品が使用価値と価値との直接的統一をなすのと同様に、資本の直接的生産過程は労働過程と価値増殖過程との直接的統一をなす。

資本家が生産手段の使用価値とともに労働力商品の使用価値を消費することによって商品が生産されるのであり、この過程が資本の直接的生産過程である。これが「直接的」という規定をうけたところの生産過程とされているのは、流通過程によって媒介されていない生産過程という意味においてである。

この資本の直接的生産過程は二つの角度から分析されなければならない。この過程を、その技術的側面を明らかにする角度から分析するばあいには、それは労働過程と規定され、この側面は技術学的に考察される。他方、この過程を、その価値的側面を明らかにする角度から分析するばあいには、それは価値増殖過程と規定され、この側面は経済学的に考察される。

資本の直接的生産過程の一側面をなす労働過程は、資本の労働過程であり、これは、資本家の指揮と統制のもとに・労働者が・労働対象に・労働手段を使って働きかけ、生産物を生産する過程として明らかにされる。賃労働者の疎外された労働である労働そのもの・労働対象・労働手段が、資本の労働過程の三つの契機をなす。資本の労働過程になげこまれその契機として働いているところのものは、資本の定有をなす。

資本の直接的生産過程のもう一つの側面をなす価値増殖過程は、死んだ労働であり・したがって価値である生産手段が生きた労働を吸収して増殖する過程である。労働過程においては労働者が生産手段にみずからの労働力を対象化するというようにあらわれるところのものは、価値増殖過程においては、死んだ労働たる生産手段が生きた労働を吸収することとしてあらわれるのである。ここにおいては、労働者の生きた労働は資本の生き血となる。生産手段という姿態をとった価値は、この生き血を吸ってみずからを増殖するのである。

このゆえに、直接的生産過程の実現結果として創造された生産物の価値の大いさは、資本家が前提としての商品＝労働市場において、生産手段を買い入れるために支払った価値額と労働者から彼の労働力を商品として買うために賃金として支払った価値額との和よりも大きい。生産物の価値は、生産手段から移転された価値部分と労働者の生きた労働によって新たに創造された価値部分とからなるのであるが、この後者は、労働者に賃金として支払った価値の取戻し部分とそれを超える部分とに分かれるのである。この超える部分が剰余価値なのであり、この剰余価値を資本家が取得するのである。

このようにして資本は賃労働を搾取するのである。

〔9〕 人間生活の永遠的な自然条件としての労働過程

マルクスは『資本論』第一巻第三篇第五章の第一節において、労働過程の諸規定を明らかにしている。この節の最初の一パラグラフと最後の部分を取り去るならば、その論述は労働過程一般の諸規定を明らかにしたものである。

すなわち、資本の労働過程から歴史的＝階級的な規定性を捨象してつかみとられるところの労働過程の本質形態・つまり人間社会の本質形態における労働過程・の諸規定がここで論じられているのである。

さらには、次のようにいえる。

資本の直接的生産過程から歴史的＝階級的な規定性を捨象する。こうすることによって、人間社会の本質形態における社会的生産過程、すなわち社会的生産過程の本質形態がつかみとられる。この社会的生産過程の本質形態から社会的側面を捨象することによって、社会的生産過程の自然的側面、すなわち社会的労働過程がつかみとられる。この社会的労働過程は、疎外されざる共同体ないし共同社会が外的自然に働きかけこれを変革するという共同的労働過程をなす。この共同的労働過程は、技術学的には協同的労働過程と規定される。共同体ないし共同社会の自覚的担い手であるその諸成員は、みずから労働組織を編成し異種的および異質的な諸労働を協同的に遂行するからである。（将来の共同社会の諸成員は、多様性をもった質的に高度なみずからの労働力を自然物に主体的にかつ協同的に対象化するのである。）

この社会的労働過程から社会性までをも捨象することによって、労働過程一般、すなわち〈全＝個〉としての人間が遂行する労働過程がつかみとられるのである。

マルクスはこのような労働過程を「人間生活の永遠的な自然条件」と規定し、その諸規定を『資本論』第一巻第三篇第五章第一節において論述しているのである。

マルクスは資本制生産を本質論的に分析するための研究と思索において、労働過程の本質形態の諸規定を、すなわち人間生活の永遠的な自然条件をなす労働過程はどのようなものであるのかということを、はじめて明らかにしたのであった。そうであるがゆえに、マルクスは当然にも、このような労働過程の諸規定についての論述を、『資本論』の体系的な叙述のなかに位置づけくみこんだのである。彼は、資本の直接的生産過程の自然的側面をなす労働過程、すなわち資本の労働過程は、そのような本質形態をなす労働過程の資本制的疎外形態であることをしめすために、その本質形態の諸規定の論述の最初と最後に、資本の労働過程固有の諸規定を明らかにする文章を位置づけたのだ、とわれわれは捉えることができる。

したがって、われわれは、資本の労働過程、すなわち、価値増殖過程と統一されている労働過程と、労働過程一般、すなわち労働過程の本質形態とを明確に区別して把握しなければならない。

図解しながら考察するならば、次のようにいえる。

(次ページの図解を見ながら読んでいただきたい。)

資本の直接的生産過程を **反** とおく。ゴシックの **反** と記号的に表現するのは、それが独自の形態をとっていることをあらわすためである。

資本の直接的生産過程 **反** は、労働過程 正′ と価値増殖過程 反 との直接的統一をなす。

労働過程一般、すなわち労働過程の本質形態を 正 とおく。

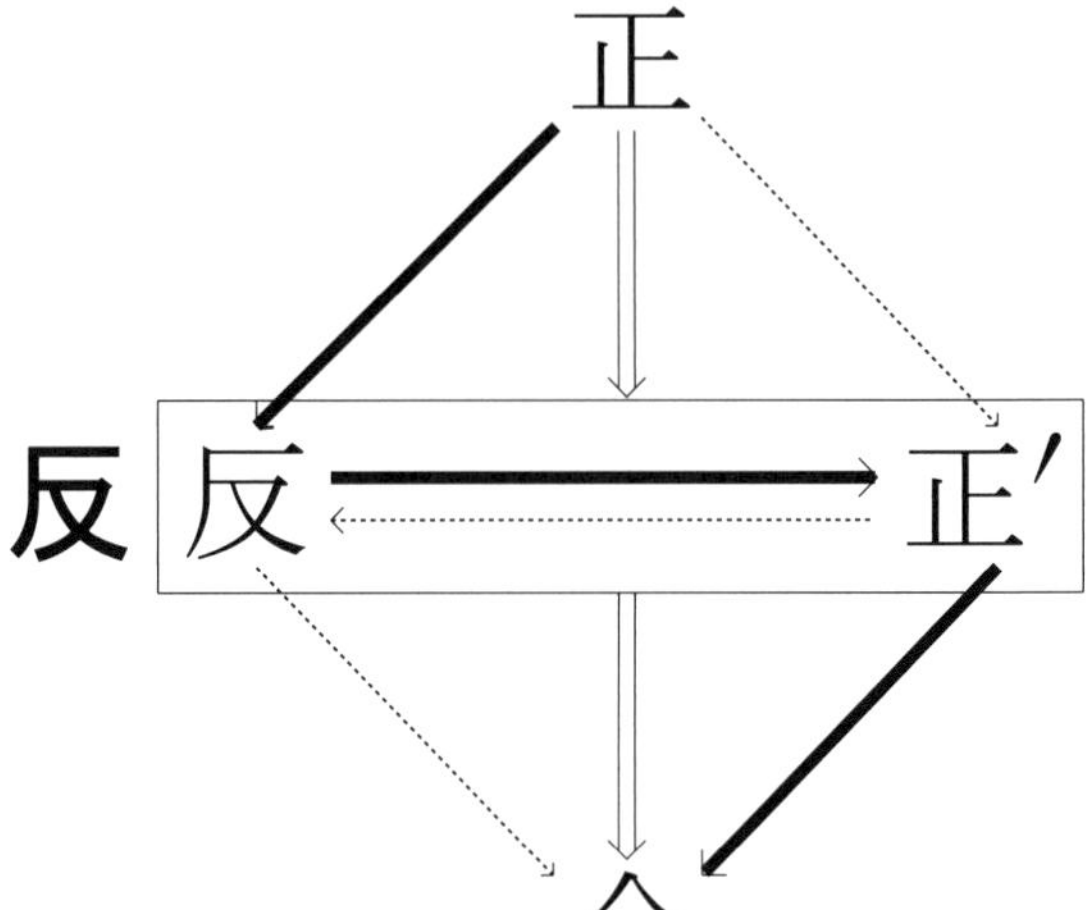
正
反
反
正′
合

この労働過程一般すなわち正と、資本の直接的生産過程の自然的側面をなす労働過程、価値増殖過程と統一されている労働過程、すなわち正′とを明白に区別し、正′は正の資本制的疎外形態であることを把握しなければならない。正は普遍的本質であるのにたいして、正′は、資本の直接的生産過程という形態の本質、すなわち特殊的本質をなすということができる。

合は、資本制的疎外を止揚した労働過程、すなわち将来の共同社会における労働過程をあらわすのである。

〈10〉『資本論』の冒頭にもどる――商品

資本が賃労働をどのようにして搾取するのかということの基本的な構造をみたうえで、『資本論』の冒頭にもどる。

私がこのような順番で論じてきたのは、私のこの文章を読んでくれる若者たちとすべての人たちに、今日の現存する資本主義社会に怒りをもやして『資本論』を読もう、と呼びかけるためである。自分自身がどのようなパトスと意欲と発条《ばね》をもってこの本を読むのかというように、自分自身をみつめてほしいからである。現代に生き苦悩するすべての人たちが、おのれは何であり何であるべきか、と自分自身を問うことを、私は望むからである。

『資本論』は次の文章ではじまっている。

「資本制的生産様式が支配的に行われる諸社会の富は一の『尨大な商品集聚』として現象し、個々の商品はかかる富の原基形態として現象する。だから、吾々の研究は商品の分析をもって始まる。」（一一三頁）

この部分は、『資本論』すなわち資本制経済学という学の始元をなす。このゆえに、ここに言う商品は始元的商品と呼ばれる。

この商品は、直接的には労働力商品をさし、媒介的には、労働力商品の担い手にまで疎外された労働者が生産した商品である資本制商品をさす。

このことは次のことにもとづく。

マルクスは、一九世紀中葉の資本主義的現実に対決し、この資本主義を分析したのである。彼は、当時の直接的現実を出発点にして、これを下向的に分析し、この現実を規定している本質的なもの＝根源的なものをつかみとり、この分析的下向の終局を同時に上向的＝存在論的な展開の出発点として措定したのである。これが学の始元である。この始元を出発点として、彼は、下向的分析をつうじてつかみとったところのものを上向的＝存在論的に叙述したのであり、これが『資本論』という学の体系として開示されたのである。まさにこのゆえに、マルクスが遂行した資本主義的現実からの下向的分析を背後にもつところのものが、学の始元をなす商品なのである。

このように、われわれは、『資本論』の冒頭の展開を、実践＝認識主体たるマルクスがどのように思惟したのかを省察することを基礎にして考察することが肝要なのである。

〔11〕 使用価値と価値

第二パラグラフ以下では、始元としての商品の一契機をなすところの、それの論理的に抽象的な諸規定が論述されている。この論述は、始元を出発点とする上向的展開における下向的分析といえる。

ここでは、資本制生産を物質的基礎として資本制商品の論理的に抽象的な諸規定が明らかにされているのであって、まさにこの抽象性のゆえに、この諸規定は歴史上の単純商品にも妥当するのである。単純商品とは、生産手段を自分で所有して自分で労働する小生産者が生産する商品のことである。

商品は他の商品と交換関係をとりむすんでいる。すなわち、或る商品は他の商品をみずからに等置する、これが、商品が商品であることの出発点なのであり、このように他の商品との交換関係においてある商品を、マルクスは分析しているのである。

商品は使用価値と価値との直接的統一をなす。

マルクスは、「商品はさしあたり、その諸属性によって人間の何らかの種類の欲望を充たすところの、一の外的対象・一の物・である」（一一三頁）、「ある物の有用性は、そのものを使用価値たらしめる」（一一四頁）、と言っている。これが、商品の一側面である使用価値の規定である。

或る一定の量の或る種類の使用価値である商品は、何らかの量の他の種類の使用価値である商品と交換されうる。後者はもろもろの種類のそれである。この後者が前者の交換価値をなす。

この関係をたちいって考察しよう。

一単位量のA商品は、x量のB商品をみずからに等置する。こうすることによって、二商品の使用価値の種類の違いは直接的に消失し、両者は等質なものとなると同時に、量的に等しいものとなる。この等質なものが価値である。この二商品はともに労働の生産物であり、それぞれの商品には種類の異なる労働がふくまれているのであるが、この二商品の等値によって、二商品にふくまれている労働の種類の違いは直接的に消失し、両者は等質なものとなると同時に、量的に等しいものとなるのである。種類が異なるという労働のこの側面は具体的有用労働と規定され、等質なものとしてのその労働は抽象的人間労働と規定される。すなわち、商品の実体をなすところのこれに対象化されている労働は、使用価値の実体としては具体的有用労働と規定され、価値の実体としては抽象的人間労働と規定されるのである。

〈12〉使用価値をゴジラ化して捉える誤謬
——商品の使用価値と使用価値としての使用価値

マルクスは使用価値について次のように書いている。

「使用価値は、使用または消費においてのみ、みずからを実現する。諸使用価値は、富の——その社会的形態がどうあろうとも——質料的内容をなす。吾々によって考察されるべき社会形態においては、それは同時に、交換価値の質料的担い手をなす。」（一一五頁）

ここにおいて、マルクスは、富の社会形態を捨象してつかみとられるところの使用価値と、資本制的生産様式が支配的に行われる諸社会すなわち資本主義社会における使用価値とを区別すべきことを明らかにしているのであり、後者を交換価値の質料的担い手をなす、というように規定しているのである。

ところが、かつて、スターリンを信奉する人たち、すなわちスターリン主義者は、マルクスのこの論理的把握を論理的につかみとることができずに、次のように考えた。

使用価値は、商品にも、商品ではない生産物にも、共通なものである、すなわちあらゆる社会に共通なものである。商品のばあいには、あらゆる社会に共通なものである使用価値に価値という形態規定が付け加わっているのである。いいかえれば、商品から価値という形態規定を取り去れば、使用価値というあらゆる社会に共通なものがえられるのである。――このように考えたのである。

これは、さまざまな社会形態から共通なものを抽出するという考え方にもとづくものである。この考え方は、現実的なものを抽象して本質的なものをつかみとるという論理的な頭のまわし方、すなわち現実的なものから個別的および特殊的の諸契機を捨象して普遍的なものをつかみとるという論理的な分析の方法を、さまざまな現実的な諸形態からそれらに共通するものをとりだす、という単純な振り分けの論理、つまり共通するものと共通でないものとをふりわけるという論理に歪曲したものなのである。

いいかえるならば、スターリン主義者のつかみ方は、使用価値を歴史貫通的なものとみなし、この使用価値に価値という衣がかぶさっている、というように捉えるものなのである。それは、使用価値を金太郎飴の金太郎のようにイメージするものだ、ということである。使用価値を歴史貫通的に捉えることを、使用価値を超歴史化して捉える、超階級化して捉える、というようにに呼称して、われわれはその克服をめざしてきたのである。このような超歴史的な捉え方は、映画の世界で、かつての恐竜を現代にゴジラとして蘇らせるようなものである。あるいは、巨大化した蛾の幼虫を現代にモスラとして登場させるようなものである。われわれはこのようなイメージをわかせて、この誤謬を、使用価値をゴジラ化して捉えるものである、使用価値をモスラ化して捉えるものである、というように呼んできたのである。

この捉え方の論理的誤謬を、本質的なもの＝一般的なものとそれが特殊的な諸条件のもとでとる現実形態との関係の論理的なつかみ方としてはどのように誤っているのか、というように考察するならば、次のようにいえる。

ここで、人間生活の永遠的な自然条件としての労働過程すなわち労働過程一般と、直接的生産過程の一契機としての労働過程すなわち資本の労働過程との関係をつかみとるために私が提示した図解（この図解は黒田寛一が明らかにしたものであるが）を思い起こしてほしい。正―反

（反—正′）—合という図解である。

資本主義社会における商品をゴシックの**反**とおく。この商品**反**は使用価値と価値との直接的統一をなす。この使用価値を正′、価値を反と記号的に表現することができる。この使用価値は商品**反**の一契機としての使用価値正′なのであり、価値反と統一された使用価値正′である。これが、吾々が考察すべき社会形態においては、使用価値は交換価値の質料的担い手をなす、というように、マルクスが明らかにしたところのものである。

資本主義社会からその歴史的＝階級的な規定性を捨象してつかみとられるところの社会の本質形態、この社会の本質形態における使用価値は、使用価値としての使用価値、すなわち使用価値一般と規定することができる。あるいは次のように言ってもよい。資本制商品からその歴史的＝階級的な規定性を捨象するならば、生産物一般という規定がつかみとられる。この生産物一般は、使用価値としての使用価値、すなわち使用価値一般と規定することができる、ということである。

この使用価値としての使用価値、すなわち使用価値一般は、この図解における正というように位置づけられなければならない。

このように、われわれは、使用価値としての使用価値、すなわち使用価値一般正と、商品反の一契機としての使用価値正′、価値反と統一されている使用価値正′、つまり価値反の質料的担い手をなす使用価値 正′とを明確に区別して把握することが必要なのである。
スターリン主義者は、この使用価値一般 正と、商品の使用価値 正′とを、あらゆる社会に共通なものとして同一視してしまったのである。われわれは、このような共通性の論理を、この平板なつかみ方を、克服することが肝要なのである。

〔13〕使用価値の実体と価値の実体——実体

商品の実体はこれに対象化されている労働であり、商品に対象化されている労働は、使用価値の実体としては具体的有用労働と規定され、価値の実体としては抽象的人間労働と規定される。このように、商品に対象化されている労働＝商品にふくまれている労働＝商品で表示される労働は、二重性格をもつ。

このことを理解するためには、実体という概念をつかみとることが必要である。

或る商品は他の商品をみずからに等置する。こうすることによって、二商品の使用価値の種類の相違は消失するとともに、これらの商品に対象化されている労働の種類の相違も消失して等質化されかつ等しい量として措定される。

このことについてマルクスは、次のように論じている。

「20エルレの亜麻布＝1枚の上着　であろうと、＝20枚の上着　であろうと、＝x枚の上着　であろうと、すなわち、ある与えられた分量の亜麻布が多くの上着に値しようと、僅かの上着に値しようと、あらゆるかかる比率は、つねに、亜麻布と上着とは価値の大いさとしては同じ単位の表現であり、同じ本性をもつ物であるということを、含んでいる。亜麻布＝上着　ということが、方程式の基礎である。

しかも、質的に等置されたこの二つの商品は同じ役割を演ずるのではない。亜麻布の価値のみが表現されるのだ。では、如何にしてか？　亜麻布が、それの『等価』あるいはそれと『交換されうるもの』としての上着に連関することによってである。この関係においては、上着は、価値の実存形態として・価値物として・意義をもつ、——けだし上着は、ただかかるものとしてのみ、亜麻布と同じものなのであるから。他方では、亜麻布それ自身の価値存在《ヴェルトザイン》が現出する、すなわち一の自立的表現を受けとる、——けだし亜麻布は、ただ価値としてのみ、同等な価値あるもの・あるいはそれと交換されうるもの・としての上着に連関しているのだから。たとえば酪酸は、蟻酸プロピルとは異なる物体である。しかし両者は、同じ化学的実体《ズブスタンツ》——炭素（C）、水素（H）および酸素（O）から成りたち、しかも同等な比率の組成、すなわち $C_4H_8O_2$ である。いまもし酪酸に蟻酸プロピルが等置されるとすれば、この関係においては、第一に、蟻酸プロピルはただ $C_4H_8O_2$ の実存形態としてのみ意義をもつであろう。そして第二に、酪酸もまた $C_4H_8O_2$ から成りたつということが語られているであろう。かくして、蟻酸プロピルを酪酸と等置することによって、酪酸の化学的実体が、それの物体形態から区別されて表現されているであろう。」（一三六～三七頁）

マルクスが「それらの労働が上着価値の実体および亜麻布価値の実体であるのは」（一二九頁）と言うばあいの「実体」、したがってここで「化学的実体」と言うばあいの「実体」は、――ルビがふられているように――「Substanz ズブスタンツ」という語である。

マルクスが「それ〔商品〕に含まれている『価値を形成する実体』すなわち労働の分量」（一一九頁）と言うときの『価値を形成する実体』は、「wertbildenden Substanz」と表記されており、「価値をかたちづくっているところの実体」というように理解することができるのであり、商品に対象化されている労働の一規定だ、ということがわかるのである。ちなみに、ドイツ語に精通している人に教えてもらったところによれば、bilden というドイツ語の動詞（英語では build に相当する）には、「作る・形成する」という意味のほかに、「なしている」という意味もあるのだそうである。「価値を形成する実体」というばあいには後者の意味である、ということができる。

これに反して、マルクスが生産過程論において、「価値形成過程（Wertbildungsprozess ヴェルト・ビルドゥンクス・プロツェッス）」というときの「形成」は、——商品という・生産された結果として現にあるところのものの規定ではなく、商品を生産する過程の規定なのであるからして、——「作る・形成する」という意味である、というように理解することができる。とにかく、「価値の実体」「価値をかたちづくっているところの実体」というようなことを考えて、実体という概念を論理的に把握することが肝要である。

物理学者の武谷三男は、マルクスのこの実体という概念とこの実体にかんする論理的考察を基礎にして、人間の対象的認識は、現象論的段階——実体論的段階——本質論的段階という三段階をとって深まるのだ、ということを明らかにしたのであった。これが武谷三段階論と呼ばれるものである。

われわれは、マルクスの『資本論』の展開の理解を深めるために、このようなことについても思いをはせる必要がある。

この「ズプスタンツ＝実体」という語のほかに「トレーガー＝担い手」という語がある。マルクスは、資本制生産のもとでは「諸使用価値は」「交換価値の質料的担い手をなす」（一一五頁）と言うときの「担い手」としては「Träger トレーガー」という語をもちいている。日本語では「実体」という語を「担い手」という意味においてもちいることがあるのであるが、日本語でも「価値の担い手」と言えば使用価値をさすことになってしまうし、「交換価値の質料的実体」とは言えない。このことにふまえて、「形態とその実体」ということにかんして、また「諸現象とそれを担う諸実体、本質的二実体と両者の本質的関係」ということにかんして、論理的にほりさげていかなければならない。

〔14〕 商品の価値の大きさ

ある商品が他の商品をみずからに等置することによって、これらに対象化されている労働の有用的性格は消失し、これらの労働は等質なものとなる、すなわち価値の実体として抽象的人間労働という規定をうけとる、とともに、それぞれの商品に対象化されている労働の量すなわち抽象的人間労働の量は等しいものとして措定される。

このような考察に立脚して、マルクスは次のように規定している。

「ある使用価値の価値の大いさを規定するものは、社会的に必要な労働の分量、または、

その使用価値の生産のために社会的に必要な労働時間に他ならない。」（一二〇頁）

商品の価値の大いさ（大きさ）は、この商品を生産するために必要な労働時間によって決定される、というこの規定は価値法則と呼ばれる。

マルクスは、自分が書いた『経済学批判』から次の言葉を引用している。

「価値としては、すべての商品は、一定分量の凝固した労働時間に他ならない。」

私は、この「凝固した労働時間」という表現は、イメージがわく！　と感じるのである。マルクス自身、読者である労働者にイメージをわかせるのにこの表現がうってつけだ、とおもって自分の本から引用したのではないか、と私には感じられるのである。

これは、商品のうちに凝固した労働時間が交換関係を媒介として価値という規定をうけとる、ということなのである。

このことを、その物質的基礎をなすところの商品を生産する過程との関係において捉えかえすならば、「社会的に必要な労働時間とは、現存の社会的・標準的な生産諸条件と労働の熟練および強度の社会的な平均度とをもって、何らかの使用価値を生産するために必要とされる労働時間である」（同前）、と言える。

「現存の社会的・標準的な生産諸条件と労働の熟練および強度の社会的な平均度とをもって」というのは、この価値の規定は、資本制経済の普遍的本質論という理論的レベルにおいて、すなわち〈総資本＝総労働〉という抽象のレベルにおいて明らかにしているものである、ということを、マルクスが言いあらわしたものなのである。

〔15〕商品およびこれにふくまれている労働の質的側面と量的側面
――「質」という規定について

マルクスは、商品の使用価値および価値を、商品の質的側面および量的側面と規定している。それとともに、商品の使用価値の実体をなす具体的有用労働および商品の価値の実体をなす抽象的人間労働を、商品にふくまれている労働の質的側面および量的側面と規定している。ともに、〈質と量〉という対概念でもって規定しているのである。

マルクスは次のように論じている。「商品に含まれている労働は、使用価値に関連しては質的にのみ意義をもつが、価値の大いさに関連しては、それが質のどんづまりたる人間的労働に還元されているので、量的にのみ意義をもつ」（一二九頁）、と。

『資本論』の商品論において、前者の側面つまり具体的有用労働にかんしては、「質的に相異なる有用的労働」「労働の相異なる諸々の質」「種類を異にする諸商品のうちに含まれている・種類を異にする・労働」というように規定されているのであって、この表現に端的にしめされるように、マルクスは「質」という概念をもちいて「質的に相異なる」と表記するばあいには、つねにかならず、「種類を異にする」ということを含意しているのであり、商品にふくまれている労働の多種多様性を、すなわち、具体的有用労働は多種多様であるということを、言いあらわしているのである。

〔16〕価値形態――貨幣形態の論理的な発生史・すなわち・価値形態の発展の論理的解明

『資本論』の「第一部　資本の生産過程」「第一編　商品と貨幣」「第一章　商品」において「第一節　商品の二要因――使用価値と価値」「第二節　商品で表示される労働の二重性格」が論じられた後の「第三節」において「価値形態または交換価値」が論じられる。

価値形態について論述するにあたって、マルクスは次のようにのべている。

「吾々は実際、諸商品の交換価値または交換関係から出発して、そこに隠されている諸商品の価値の足跡を発見した。いまや吾々は、価値のこの現象形態にたち戻らねばならぬ。」（一三三頁）と。

マルクスのこの言葉を方法論的に咀嚼《そしゃく》するならば、彼は次のようにのべているのだ、といえるであろう。

商品A＝商品Bという二商品のこの交換関係を措定して、他の商品と交換関係をとりむすんでいるところの商品、この商品の二要因、および、この商品に対象化されている労働の二重性格をわれわれは分析してきた。いまや、商品A＝商品Bという価値の現象形態そのものを分析しなければならない、と。

記号的に表現すれば、第一、二節は、商品A（＝商品B）というかたちで、商品Bとの関係においてある商品Aの分析であったのであるが、第三節は、商品A＝商品Bというこの現象形態そのものの分析である、ということである。

マルクスは、この価値形態を分析する意義と意味を次のように明らかにしている。

「誰でも、他のことは何も知らなくても、諸商品がそれらの諸使用価値の種々雑多な自然的諸形態ときわめて著しい対象をなす一の共通な価値形態——貨幣形態——をもつということは、知っている。だが、ここで肝要なことは、ブルジョア経済学によっては嘗て試みられなかったこと、すなわち、この貨幣形態の発生史を証明すること――つまり、諸商品の価値関係に含まれている価値表現の発展を、それの最も簡単な最もみすぼらしい姿態から、燦爛《さんらん》たる貨幣形態までたどること――をなし遂げることである。それによって貨幣の謎も消滅する。」（同前）

マルクスがここに言う「貨幣形態の発生史」とは、貨幣形態の論理的な発生史であって、それの歴史的な発生史ではない。彼がなしとげたのは、価値形態がそれの最も簡単な姿態から貨幣形態へとどのようにして論理的に発展したのかということの論理的解明である。彼は、物々交換から貨幣がどのようにしてうみだされたのかということの人間の歴史をたどったのではないのである。

〔17〕 商品A＝商品B ――価値鏡

「x商品A＝y商品B　すなわち、x量の商品Aはy量の商品Bに値する。」（一三四頁）

「あらゆる価値形態の秘密は、この簡単な価値形態のうちに潜んでいる。だから、これ

の分析は本来的な困難を呈する。」(同前)

マルクスはこう読者をおどす。『資本論』を学ぶわれわれはこの困難をひきうけなければならない。

商品Aは商品Bをみずからに等置する。こうすることによって、商品Aはみずからの価値を商品Bで表現する。商品Bは商品Aの価値鏡となる。すなわち、商品Bの体《からだ》そのものが、つまり商品Bの使用価値が、この価値表現の材料となるのである。

第一の商品は能動的役割を演じるのであり、この商品は相対的価値形態にあると規定され、第二の商品は受動的役割を演じるのであり、この商品は等価形態にあると規定される。

二つの商品の価値関係のうちには次のことが潜んでいる。

商品Aが商品Bをみずからに等置することによって、二商品の使用価値の種類の相違が消失し、価値として等質なものとなる、とともに、これらの商品にふくまれている労働の種類の相違が消失し、質的に等しいものとなる。このように、商品Aが商品Bをみずからに等置することによって、商品Aの自然的形態と区別されるそれの価値存在が現出するのであり、これと同時に、商品Bが価値の実存形態として意義をもつのである。このようにして、前者の商品の価値が後者の商品の体で表現されるのである。

これが、価値関係の質的側面の考察なのであり、このような質的側面の分析に立脚してその量的側面を・すなわち・等置された二商品の量的な比率の問題を、明らかにしなければならない、とマルクスはのべているのである。

マルクスは言う。

「かくして、価値関係に媒介されて、商品Bの自然的形態が商品Aの価値形態となる。あるいは、商品Bの体《からだ》が商品Aの価値鏡となる。商品Aは、価値体としての・人間的労働の物質化《マテリアツール》としての・商品Bに連関することによって、使用価値Bをば、それ自身の価値表現の材料たらしめる。商品Aの価値は、かように商品Bの使用価値で表現されることによって、相対的価値の形態をとるのである。」（一四一頁）

これが、かの有名な「価値鏡」のくだりである。

こうして、商品の使用価値と価値との内的対立は、次のような外的対立としてあらわれる、ということを、マルクスは明らかにしている。

「商品Bにたいする価値関係に含まれている商品Aの価値表現を立入って考察してみると、この価値表現の内部では、商品Aの自然的形態は使用価値の姿態としてのみ意義をもち、商品Bの自然的形態は価値形態または価値姿態としてのみ意義をもつ、ということが分かった。かくして、商品のうちに包みこまれている使用価値と価値との内的対立は、一の外的対立によって、すなわち二つの商品の関係――そこでは、それの価値が表現されるべき一方の商品は直接には使用価値としてのみ意義をもち、それで価値が表現される他方の商品はこれに反して直接には交換価値としてのみ意義をもつところの、二つの商品の関係——によって、表示される。かくして、一商品の簡単な価値形態は、その商品に含まれている使用価値と価値との対立の簡単な現象形態である。」（一五五頁）

価値形態の論理的発展・すなわち・貨幣の論理的発生史にかんするマルクスの解明を理解するためには、以上のその出発点の考察をつかみとることが肝要なのである。

〈18〉 直接的生産過程の分析にたちもどる——生きた労働の二面的性格

われわれは、『資本論』の最初に展開されている商品の諸規定について学んできた。ここで、その前に学習したところの、直接的生産過程の分析にたちもどろう。

われわれは、商品の二要因たる使用価値と価値について、そして商品に含まれている労働の二重性格、すなわち具体的有用労働と抽象的人間労働について、つかみとったことからして、この把握にふまえて、直接的生産過程の諸規定についてより深く学ぶことができる。

資本の直接的生産過程は、労働過程と価値増殖過程との直接的統一をなすのであった。

この直接的生産過程について、マルクスは、『資本論』の第一巻第四篇第六章の「不変資本と可変資本」において、さらに次のように論じている。

「労働過程の相異なる諸要因は、生産物価値の形成に相異なる関与をなす。

労働者は、彼の労働の一定の内容・目的・および技術的性格のいかんに拘わらず、ある一定分量の労働を附加することにより、労働対象に新たな価値を附加する。他方において、吾々は、消耗された生産諸手段の価値を生産物の価値の構成部分として、――たとえば棉花と紡錘との価値を糸価値のうちに、――ふたたび見出す。かくして、生産手段の価値は生産物へのそれの移譲によって維持される。この移譲は、生産手段の生産物への転形中に、すなわち労働過程において行われる。それは労働によって媒介されている。では、如何にしてであるか？

労働者は同じ時に二重に労働するのではない。……労働対象への新価値の附加と生産物における旧価値の維持とは、労働者が同じ時には一度しか労働しないにも拘わらず同じ時に生ぜしめる二つの全く相異なる成果であるから、成果のこの二重性は、明らかに、彼の労働そのものの二重性からのみ説明されうる。同じ時点において、彼の労働は、一の属性では価値を創造し、他の属性では価値を維持または移譲しなければならぬ。

……労働者が消費された生産手段の価値を維持するのは、または、それを価値構成部分として生産物に移譲するのは、彼が労働一般を附加することによってではなく、この附加的労働の特殊的・有用的性格によってであり、その独自的・生産的形態によってである。かかる合目的的な生産的活動――紡績・機織り・鍛冶――としては、労働は、それの単なる接触によって諸生産手段を死から蘇生させ、それらを鼓舞して労働過程の諸要因たらしめ、それらと結合して諸生産物となるのである。

……彼が彼の労働によって価値を附加するのは、その労働が紡績労働または指物労働であるかぎりにおいてではなく、それが抽象的・社会的な労働一般であるかぎりにおいてであり、また彼が一定の大いさの価値を附加するのは、彼の労働がある特殊的・有用的な内容を有するからではなく、それが一定の時間つづけられるからである。だから紡績工の労働は、それの抽象的・一般的属性においては、人間的労働力の支出としては、棉花と紡錘との価値に新価値を附加するのであり、紡績過程としてのそれの具体的・特殊的・有用的属性においては、それは、これらの生産手段の価値を生産物に移譲し、かくして、それらの価値を生産物において維持する。同じ時間における労働の成果の二面性はこうして生ずるのである。

労働の単に量的な附加によって新価値が附加され、附加された労働の質によって生産手段の旧価値が生産物において維持される。同じ労働の――それの二面的性格の結果たる――この二面的作用は、種々の現象のうえに手にとるように現われる。」（三六一～六三頁）

ここで、資本の直接的生産過程における労働の二面的性格、すなわち、この労働の具体的・特殊的・有用的属性と、この労働の抽象的・一般的属性とは、〈質と量〉という対概念によって規定されている。「労働の単に量的な附加」と「附加された労働の質」というように、である。

ここに言う労働の二面的性格についてはこれを、われわれは『資本論』の第一章の第二節で論じられた労働の二重性――すなわち、商品で表示される労働は具体的有用労働と抽象的人間労働との二重性格をもつということ――と明確に区別してつかみとらなければならない。

なぜなら、後者は、商品に対象化された労働＝商品に含まれている労働＝商品で表示される労働の規定であるのにたいして、前者は、直接的生産過程において労働力の対象化として、いままさに対象化されつつあるところの労働、この生きた労働の規定なのだからである。

いいかえるならば、後者は、他の商品と関係をとりむすんでいる商品、すなわち、生産された結果としてすでに現存しているところの商品、この商品を分析するという商品論に位置する規定であるのにたいして、前者は、商品を生産する過程を過程的にあきらかにするという資本の生産過程論に位置する規定である、というように、両者は『資本論』体系における位置が異なるのである。この体系上の位置の相違ということを、われわれは明確におさえなければならないのである。

われわれは、このような、生きた労働の二重性を把握することを基礎にして、不変資本および可変資本の規定をつかみとらなければならない。

資本の直接的生産過程における客体的契機をなす生産手段と、その主体的契機をなす生きた労働とは、資本の定有をなす。

資本のうち、直接的生産過程において生産手段という姿態をとるところのものが不変資本と規定され、生きた労働という姿態をとるところのものが可変資本という規定をうけとるのである。あるいは、投下資本との関係において把握するならば、資本のうち生産手段に転態するものが不変資本と規定され、生きた労働に転態するものが可変資本と規定される、というように言うことができる。

〔19〕 生産された商品の価値構成と生きた労働

マルクスは「第七章　剰余価値率」において次のように展開している。

「剰余価値は、v、すなわち労働力に転態された資本部分について起る価値変動の結果にすぎず、かくして v+m = v+Δv（v プラス v の増加分）である。」（三八〇頁）

「労働力の購入に投下された資本部分は、一定分量の対象化された労働であり、かくして、購買された労働力の価値と同じく不変の価値量である。だが、生産過程そのものにおいては、投下された90ポンドのかわりに自らを実証しつつある労働力が現われ、死んだ労働のかわりに生きた労働が現われ、静止量のかわりに流動量が現われ、不変量のかわりに可変量が現われる。その結果は、v の再生産プラス v の増加分である。資本制的生産の立場からすれば、この全経過は、労働力に転態された・本源的には不変な・価値の自己運動である。過程、したがってその結果は、まったくこの不変的価値について生ずるのである。だから、90ポンドの可変資本すなわち自己を増殖する価値という範式は、たとえ矛盾だらけに見えようとも、それはただ、資本制的生産に内在する矛盾の一つを表現するにすぎない。」（三八一頁）

生産過程においては、投下された不変の価値量のかわりに自らを実証しつつある労働力が現われ、死んだ労働のかわりに生きた労働が現われ、静止量のかわりに流動量が現われ、不変量のかわりに可変量が現われる、ということを、われわれの頭に焼きつけるように、マルクスは明らかにしている。われわれはこのことをつかみとらなければならない。

生産された商品の価値構成を、このこととの関係において、次のように把握することが必要である。

生産過程の結果を見るならば、生産された商品の価値は――この価値をWと表記すれば――W=c+v+m とあらわすことができる。ここで、c は、生産手段から生産物に移転された価値部分・すなわち・不変資本部分をあらわす。v は、資本家が労働力の購入に投下した資本の価値の取戻し部分・すなわち・労働力の価値に該当する部分をあらわす。この v が、可変資本部分と呼ばれるのである。m は、価値の増殖によって増加した価値部分・すなわち・剰余価値をあらわす。

生産過程における生きた労働は、すなわち、いままさに発現しつつある労働力は、価値増殖そのものなのであり、可変量としての可変資本なのであって、この可変量としての可変資本によって生みだされた結果としての価値から、労働力の価値に該当する価値量を差し引くならば、価値の増加分が得られるのであり、これが剰余価値と規定されるのである。われわれがこのようにしてつかみとった結果をなす内容を端的に表現するならば、可変量としての可変資本は、(c+v) 部分を、すなわち、可変資本部分と剰余価値との和をなす量の価値を生みだした、というように言うことができるのである。

可変量としての可変資本によって生みだされた価値は、あらかじめ可変資本部分と剰余価値とに分かれているわけではない。ましてや、生産過程において、労働力の価値とそれを超えるところの剰余価値とが生みだされる、というように考えるのは、結果解釈主義的誤謬である。可変量としての可変資本によって生みだされた価値から労働力の価値に該当する価値量を差し引く、という計算をとおして明らかとなるその増加分が剰余価値をなすのである。

生みだされた価値が労働力の価値に該当する部分と剰余価値とに分かれるという結果から、価値増殖の過程、すなわち生産過程、したがって生きた労働を捉えかえすならば、労働日は、資本家によってすでに支払われた労働力の価値にたいする等価を生産する部分と剰余価値を生産する部分とに分かれる、といえる。労働日のうち前者の部分を必要労働時間、そしてこの時間内に支出される労働を必要労働というように、また、労働日のうち後者の部分を剰余労働時間、そしてこの時間内に支出される労働を剰余労働というように、マルクスは名づけたのである。

このように捉えるならば、剰余価値の・可変資本部分にたいする比率は、剰余労働の・必要労働にたいする比率に等しいのであり、この比率、すなわち、m/v＝剰余労働／必要労働を、マルクスは剰余価値率と規定したのである。この剰余価値率は、資本による労働力の、だから資本家による労働者の、搾取度を正確にあらわすのである。

〈20〉 賃金——労働力の価値の労働の価格への転形

マルクスは『資本論』第一巻の「第六篇 労賃 第十七章 労働力の価値または価格の労賃への転形」において、労賃すなわち賃金について論じている。

その章は次の言葉をもってはじまる。

「ブルジョア社会の表面では、労働者の賃銀は、労働の価格・一定分量の労働に支払われる一定分量の貨幣・として現象する。」（八三九頁）

労働者の賃金は、現実には、この労働者の労働が終わった後で、すなわち生産過程が終了したうえで支払われる。ここにおいては、この賃金は、この労働に支払われるものとして、すなわち労働の価格として現象する。

ここで、この生産過程がはじまる前の事態をふりかえろう。

生産過程の前提をなす商品＝労働市場において、資本家の幼虫をなす貨幣所有者は、みずからの貨幣を投じて、生産手段とともに労働者の労働力を商品として買い入れたのであった。ここにおいて、労働者には、商品である労働力の価値どおりに貨幣が支払われる。だから、労働者が受け取る貨幣である賃金は、労働力商品の価値の貨幣的表現をなす。

ところが、現実には、この労働力商品の使用価値が、生産手段のそれとともに消費される過程をなす生産過程が実現されたあとになって、労働者に賃金が支払われる。こうすることによって、このような賃金すなわち労賃の形態は、必要労働と剰余労働とへの、支払い労働と不払い労働とへの、労働日の分割のあらゆる痕跡を消滅させる。このようなものとして、この形態においては、すべての労働が支払われたものとして現象するのである。

すなわち、賃金は本質的には前払いなのであるが、現実的には後払いの形態をとる。こうすることによって、労働力の価値は労働の価格に転形するのである。この労働の価格は仮象をなす。

労働の価格は仮象実在をなすのであるが、労働の価値は非実在である。賃金を「労働の対価」というように捉えるのは、仮象にとらわれた把握なのであり、それはブルジョア的観念にほかならない。

われわれは『資本論』に学び、賃金にかんして、このことを見ぬくことが肝要なのである。

Ⅳ　『資本論』を武器として脱炭素産業革命の本質を暴く

〔1〕日本の諸独占体、〈脱炭素〉に大慌て――大攻撃に不屈にたたかおう！

全世界的な脱炭素の動きに立ち後れた日本の諸独占体は、これへの対応に大慌てである。NHKは〈大手商社 脱炭素へ 事業見直しや発電所売却など検討の動き拡大〉と題して次のように報じた（二〇二一年二月五日）。

〈温室効果ガス削減など脱炭素への取り組みが世界的に加速する中、大手商社の間では、石炭や原油の開発事業の見直しや石炭火力発電所の売却などを検討する動きが広がっています。

このうち、三菱商事は、石炭や原油の開発などエネルギー分野の事業構成の見直しを進めているほか、将来的には、石炭火力発電から撤退する方針です。再生可能エネルギーの活用拡大なども盛り込んで、来年度中に温室効果ガスの削減に向けた実行計画として公表する方針です。

三井物産は、二〇五〇年までに温室効果ガスの排出量を実質ゼロにすることを打ち出していて、今後、石炭火力発電所の売却などの検討も進めるとしています。三日の決算会見で三井物産の内田貴和副社長は「会社としての収益性を落とすことなく、長期的に脱炭素への取り組みを進めたい」と述べました。

　このほか、伊藤忠商事は、南米のコロンビアなどにある発電用の石炭の権益を売却し、この分野から撤退する方針を示しているほか、住友商事も二〇三五年までに石炭火力発電の事業を段階的に縮小し、ガス火力や再生可能エネルギーによる発電を拡大させる計画です。

　日本政府が二〇五〇年に温室効果ガスの排出量を実質ゼロにする方針を示すなど、世界的に脱炭素への取り組みが加速する中、資源や電力が主力のビジネスである大手商社も一段の対応が求められています。＞

日本の商業資本である大手商社は、同時にその資金力をもって海外の石炭・原油・ＬＮＧ（液化天然ガス）・シェールガス・鉄鉱石などなどの権益を買いあさり、資源・エネルギー分野の多国籍企業としてのしあがってきた。これらの経営者である独占資本家は、自分たちの石炭火力発電は技術性が高く効率がいい、と高をくくってきたのであったが、これが大間違いであったことに青ざめているのである。

重工業巨大独占体もまたそうである。

読売新聞は＜三菱重工「石炭火発」生産を合理化＞と題して次のように報じた（二月五日朝刊）。

＜三菱重工業は四日、発電設備子会社「三菱パワー」の石炭火力向けボイラーの生産拠点を、長崎工場（長崎市）に集約すると発表した。呉工場（広島県）の生産は二〇二二年度末までにやめる。世界的な「脱炭素」を受けて新たな石炭火力設備の受注は急減しており、合理化を進める。

呉工場は設備維持・修理などに特化する。約一〇〇〇人の従業員のうち約四〇〇人を、長崎工場や、ガス火力発電設備を担う別の工場に配置転換する方針。＞

これは、労働者への大攻撃である。

呉工場で削減される人員は四割にのぼるのであり、呉から長崎に移れ、と指令されたのでは、会社を辞めざるをえない労働者も多く出ることになるのである。

この動きにかんして、読売新聞は「合理化」と書いているのであるが、――そして通俗的には「合理化」と呼ばれるのであるが、――これは、直接的生産過程の主客両契機を技術化する、というものではなく、われわれの観点すなわちマルクス経済学の観点からは、「合理化」と規定するものとは異なる。

同じ種類の使用価値をもつ製品を生産するために、生産設備を技術性のより高い新たなものに更新するとともに、これにみあってこれに働きかける労働の技術性を高めかつその労働にたずさわる労働者の数を削減する、という形態をとるものや、生産設備をそのままにしたうえで労働の強度を非合理的に強化する、という形態をとるものや、またその他の技術化の形態をとるものを、われわれは「合理化」と規定するのである。

いま計画されているのは、当該の種類の使用価値はもはや時代後れとなり使われなくなったがゆえに、それを生産するための生産設備を――それが物理的に摩損していないにもかかわらず、また、より技術性の高い同種の生産設備が開発されたという意味での道徳的摩損ではないにもかかわらず――直接的に廃棄し、それに働きかけていた労働者を全面的に削減する、というものなのである。すでに生産して譲り渡した過去の製品をなお労働手段として使用している企業があるかぎりにおいて、それの維持と修理のために必要な設備と人員を残す、ということなのである。

したがって、当該の部門の労働者たちは、他の地や他の部門への異動という名目のもとに退職を強要されるのである。

このような攻撃にたいして、既存の労働組合指導部をのりこえ、われわれが労働組合員として・あるいは・労働組合のない職場での労働者として、いかにたたかうのかということの指針と、この指針にのっとってくりひろげる諸活動を解明することは、われわれの決定的に大きな課題をなすのである。

二〇二一年二月五日

〔2〕環境保護・反原発の運動の抱きこみ

毎日新聞は＜中国再エネ急拡大　一年で原発一二〇基分整備＞と題して次のように報じた（二月二〇日朝刊）。

＜中国が再生可能エネルギーの導入を急拡大している。二〇二〇年に新設された風力発電の設備容量（最大時の発電能力）は前年の二・七倍、太陽光発電も八割増となった。発電設備の規模としては、原発約一二〇基分もの再エネがわずか一年で整備された計算だ。これに対し原発の設備容量の伸びは前年比七割減にとどまった。原発に依存せず、温室効果ガスを削減する構えを見せる中国。エネルギー基本計画の改定を控えた日本はどうする？＞

＜背景にあるのは、国家の大号令だけではない。太陽光パネルは世界の上位を占める中国メーカー同士の競争が激しく、発電コストは低下。最新設備の場合、石炭火力の水準に匹敵するようになった。コスト競争力の向上に伴い、再エネの普及支援策である固定価格買い取り制度（FIT）も近く撤廃される見通しだ。∨

この記事は、中国はこんなにやっているのに日本はどうする？　というように、日本政府に脱炭素・脱原発を迫る、という形式で書かれている。この形式は、毎日新聞を読むような層には魅力的である。ということは、これには裏がある。この記事を載せた毎日新聞首脳陣の背後には、いまや日本の支配階級の主流となった部分がいることは間違いない。

原発に依存しないで脱炭素の産業革命を実現する、という意志をうちかためた日本支配階級の主流が、これまで環境保護運動や原発反対運動をやってきた部分をも抱きこみ編みこんで・支配階級および被支配階級の両方を包含する脱炭素の巨大な流れをつくりだすために、ジャーナリズム団体にこのような宣伝をやらせたのだ、といわなければならない。

日本の独占ブルジョアジーとしては、一方では、米欧および中国などとの国際競争にうち勝たなければならない。他方では、脱炭素の産業構造への再編にもとづく労働者たちの大量の首切りを、彼らに受け入れさせなければならない。これらを実現するために、日本の支配階級は、自分たちが操れるあらゆる部分を使って、エネルギー転換のための一大運動を組織しはじめているのである。

日本の労働者たち・勤労者たちは、日本支配階級のこの目論見を見ぬき、脱炭素産業革命にもとづく諸攻撃をうち砕くために、階級的に団結してたたかわなければならない。

二〇二一年二月二四日

〔3〕米日の株価の急落の根拠

米日の株価が急落した。これは、アメリカの長期金利が上昇したことにもとづくのだ、という。

この事態は、次のような構造をなす。

アメリカの長期金利が上昇した、とは、アメリカの長期国債の価格が低下した、ということである。こうなったのは、投機家たちがアメリカの長期国債を買うのをひかえたからである。これは、コロナのワクチンの接種がすすみ景気が上向きになってFRB（アメリカ連邦準備制度理事会）が——無制限に買い入れるという意志のもとに今どしどしやっているところの——国債の買い入れを弱めるのではないか、というように、彼ら投機家たちが怖れたことにもとづく。

ＦＲＢが国債の購入を弱めると国債の価格が下がるので、いま国債を買うと損をする、ということなのである。

このことは、アメリカの債券市場およびこれと連動した株式市場、つまり金融市場は、ここにＦＲＢが資金を注入しているかぎりにおいて、崩壊せずに維持されている、ということを意味するのである。

これすなわち、今日のアメリカの国家独占資本主義は、国家資金が注入されつづけているかぎりにおいて生き延びているかのように見せかけられている資本主義、つまりゾンビ資本主義に転落している、ということなのである。日本の国家独占資本主義も同じである。

全世界の労働者たちは、このことを見ぬき、このような資本主義をその根底から転覆するために、国際的に階級的に団結しよう！

二〇二一年二月二七日

〔4〕トヨタ、全固体電池に期待

日本の産官学が、脱炭素産業革命のために全固体電池の開発に展望を託しその研究に邁進しているのだ、という。ＮＨＫが宣伝していた。これにかんする研究論文の数は、日本が世界で一番多いのだそうだ。

現在のリチウムイオン電池の次の世代の電池とされるのが全固体電池である。電気をためたり放出したりするための電解質が、リチウムイオン電池では液体であるのにたいして、全固体電池では固体である。そのために安全性が高まる。それとともに、エネルギー密度を三倍に増やせる見込みがあり、充電時間を三分の一に短縮できる。ＥＶ（電気自動車）では、一〇分程度の急速充電で数百キロ走行できるようになる可能性がある、という。

リチウムイオン電池では、日本の諸独占体は韓国や中国のそれに敗北してしまった。日本の諸独占体は、次世代の全固体電池の分野において先陣を切ることに必死である。

トヨタはパナソニックと組んで、二〇二〇年代前半にこれの実用化をめざしているのだ、という。HV（ハイブリッド車）での自社の優位に依存してEVの開発と生産においては立ち後れてきたトヨタは、これによって一打逆転を実現することができるのだろうか。

この帰趨はどうであれ、諸独占体は、脱炭素のエネルギー革命とこれに規定された産業構造の改編を実現するために、既存の設備の直接的な廃棄とこの労働にたずさわってきた労働者たちの大量の首切りを狙っているのである。

日本および全世界の労働者たちは、このような攻撃をうち破るために、国際的に階級的に団結しよう！

二〇二一年三月四日

〔5〕アメリカとの覇権争いのための「双循環」政策——習近平の中国

中国の全国人民代表大会（全人代）において、李克強首相は、「双循環」を促進すると表明した。この「双循環」（二つの循環）とは、「強大な国内市場を形成し、新たな発展の形を構築する」とするものであり、習近平政権がうちだした新たな成長モデルをなす。

これは、中国への排外主義的な対応を継続することを鮮明にしたバイデンのアメリカから、あくまでも世界の覇権を奪いとるために、「発展の足場を国内に置く」という掛け声のもとに、アメリカおよびその同盟国からの中国企業の排除と高度技術製品の中国への輸出禁止に対抗するあらゆる措置をとることを明らかにしたものなのである。

このことは、「サプライチェーン（部品供給網）の自主コントロール能力」を強化するという方針に端的にしめされている。半導体の中国への輸出禁止というアメリカ政府の報復にファーウェイなどの諸企業が耐え世界を制覇しうるようにするためには、そうした最先端技術部品を国内で開発し生産することが、習近平指導部にとって不可欠なのである。

後れをとる基礎研究を強化するために、長年努力して実力を蓄えることを意味する「十年一剣を磨く」というシンボルを、彼らが掲げたこともまたそうなのである。

中国を「もっとも重大な競争相手」と位置づけ、ＩＴの開発・生産・流通の世界二分割を策すバイデンのアメリカに対抗するために自国の支配階級ばかりではなく労働者たちや農民たちを動員するためには、毛沢東を想起させる「自力更生」のシンボルを打ち上げるだけでは足りない。中華ナショナリズムをあおりたてるために中華民族古来のあらゆる警句を総動員しなければならない、というわけなのである。

習近平指導部は、経済成長の目標については確実に達成できるように「六％以上」と低めに設定したうえで、党と国家のすべてにわたる習近平専制支配体制を構築するために、あらゆる諸階級・諸階層のイデオロギー的統合を策しているのである。施策の冒頭に、「「習近平の新時代の中国の特色ある社会主義思想」を導きとし、優れた成果を上げて党創設一〇〇年を祝わなければならない」と掲げたことが、それである。

しかも、香港の民主派を立法会から排除するためにその選挙制度を改変することをも、彼らはうちだしたのである。習近平らの党＝国家官僚は、専制的な支配体制をよりいっそう強化するために、みずからに反抗する者たちの根絶を策しているのである。

こうした資本家的党＝国家官僚と官僚資本家を中軸とする資本家階級による搾取と収奪と抑圧をその根底からうちやぶるために、中国の労働者たち・農民たち・抑圧されているあらゆる者たちは、プロレタリアの立場にたって階級的に団結しよう！

日本および全世界の労働者たち・勤労者たちは、この中国の労働者階級・人民と国際的に階級的に団結しよう！

二〇二一年三月六日

〔6〕日本製鉄「一万人合理化」計画——脱炭素化への対応

日本製鉄は、二〇二五年までに鹿島の高炉一基の休止など五基の高炉の生産を停止し、一万人の労働者を削減する、という計画を発表した（読売新聞三月六日）。このようにして、国内での粗鋼生産能力を現行の二割減の四〇〇〇万トンに縮小するとともに、海外での生産能力を——六〇〇〇億円を投じて——現状の三倍にあたる六〇〇〇万トンに増やす、というのがその中身である。

電炉をも積極的に活用し、二〇五〇年までに国内での温室効果ガス排出量を実質ゼロにする、というのが、この独占体経営陣の押し出しである。

だが、この中身をみてもわかるように、この計画は、中国の鉄鋼独占体との競争での敗北をのりきるために、国内での生産設備を削減しつつ、競争力の強い中国や東南アジア諸国の諸企業を買収したりそれに出資したりする、というものにほかならない。それは、温室効果ガスの削減ということからするならば、国内での排出を海外での排出に転化する、というものなのである。

国内を見るならば、二酸化炭素を大量に排出するという意味において道徳的に摩損した生産設備を直接的に廃棄し、その設備に働きかける労働にたずさわってきた労働者たちをその生産工程から放逐する、ということがその内実である。経営陣は、早期退職の募集はおこなわず配置転換というかたちで対応する、と言っているのであるが、他地方や他部門への強制的な配転を命じられた労働者の多くは退職することを余儀なくされてしまうのである。経営陣としては、退職金の上積みを必要とする希望退職の募集よりは、配転を命じて労働者が自分でやめるように仕組んだ方が、聞こえもいいし安上がりだ、というわけなのである。命令を受けた労働者の一定の部分が無理をして他地方に移住したり他部門に異動したりしてくれるならば、独占体経営陣にとっては、鉄鋼生産にかんする技術性をもち意欲のある労働者を継続して確保できるのであるからして、それはそれで好都合なのである。

いま、国家権力者と独占資本家どもがおしすすめている脱炭素産業革命とはこのようなものなのである。

労働者たちは階級的に団結し、全世界の労働者たちと連帯して、脱炭素産業革命にもとづく諸攻撃をはねかえすためにたたかいぬこう！

二〇二一年三月九日

〔7〕読売新聞も社説で「車載用電池、開発と原材料の確保に全力を」と叫ぶ

電気自動車（EV）用電池の分野で日本が負けている、と読売新聞は危機意識丸出しだ。

再生可能エネルギーの開発・生産にかんしては、リベラルな主張を売りにしている東京新聞や毎日新聞が大宣伝していたのであったが、日本独占ブルジョアジー主流の意を体して読売新聞もまた焦燥感をあらわにした、というわけなのである。

「車載用のリチウムイオン電池は二〇一六年に日本企業の世界シェア（市場占有率）が約四割でトップだったが、一九年には中国に抜かれて二位となっている。」

「原材料の安定調達も不可欠となる。ニッケルやリチウムなどの希少金属は中国が囲い込みを図っており、供給不足に陥る可能性があるためだ。」

「次世代電池」「中国も巨額投資をしているが、現状では日本企業が持つ関連特許が世界最多で、トヨタ自動車が二〇年代前半に搭載車を販売する計画だ。技術的な課題を克服し、日本の優位を維持してもらいたい。」

中国への警戒心と対抗心と敵愾心を丸出しにしているところが読売新聞らしい。

と同時に、なおハイブリッド車（ＨＶ）での優位に依存したい雰囲気を醸しだしているトヨタにたいして、ＥＶの開発と生産を第一義的課題とせよ、というように――日本の独占資本家ども総体と日本の国家権力者の意向をうけて――はっぱをかけているわけなのである。

このような新分野の開拓というのは事の光明面なのである。その裏面たる暗黒面がある。独占資本家どもは、もはや時代後れとみなした分野にかんしては、まだまだ十分に使えるものであっても既存の設備を直接的に廃棄し、そこで働いている労働者たちを退職に追いこむ、ということを狙っているのである。クリーンエネルギーへの転換という看板は、彼らにとってはあくまでも資本を自己増殖するためのものなのである。彼ら独占資本家どもは、生き血を吸いとった労働者たちを新分野の開拓のための生贄《いけにえ》とするのである。

このような策動をうち砕くために、労働者たちは階級的に団結してたたかいぬこう。

二〇二一年三月一四日

〔8〕レアメタルを使わない次々世代電池の開発

電気自動車（ＥＶ）用やスマートフォン用に開発が急がれている次世代型蓄電池である全固体電池に比べて、充電性能やコストで優れた次々世代型蓄電池の研究開発が進んでいるのだ、という（日経新聞電子版）。リチウムの代わりに、手に入れやすい素材を利用する。

∧大阪府立大学の林晃敏教授らはナトリウムに注目した。アンチモンや硫黄を混ぜた電解質を開発した。イオンの流れやすさで全固体リチウムイオン電池の最高値を三倍上回った。「ナトリウムの電解質はリチウムより軟らかく、成形性に優れる」（林教授）∨

∧九州大学の猪石篤助教や岡田重人教授らは正極と電解質に塩化物を、負極にスズを使った。∨∧三～五年後に正極をカルシウムに、負極を塩化物に代えて改良をめざす。∨

日経新聞もまた宣伝に必死だ。

ナトリウムやスズやカルシウムであれば、中国の制約からまぬがれることができる、というわけなのである。

日本の独占ブルジョアジー総体が、自国の自動車独占体トヨタの優位を死守するために次世代電池と次々世代電池の開発に賭けている、と言ってよい。

二〇二一年三月一四日

〔9〕 量子技術で中国が先行

∧量子時代、米優位に陰り　通信・暗号で中国先行∨と日経新聞が報じた（電子版）。

∧米国の政権が代わり、先端技術を巡る米中の覇権争いが新たな局面に入った。焦点の一つが中長期の産業競争力や安全保障を左右する量子技術だ。米国は幅広いテクノロジーで世界の先頭を走ってきたが、量子技術では優位とはいえない。∨

∧次世代計算機の量子コンピュータは材料や薬の開発、AIの利用に革新をもたらすだけでなく、インターネットなどに用いる暗号を無力化する「破壊力」を秘める。∨

というわけなのである。

日経新聞首脳陣を背後で操る日本独占ブルジョアジー主流は、アメリカ帝国主義と同盟した日本帝国主義国家権力者に、量子技術の開発のためにもっと金を出せ、とその尻をたたくことに必死なのである。

日本の独占資本家どもは、新型コロナウイルスの感染を阻止することにかんしては、現存するブルジョア支配秩序を維持するという利害のために関心を抱いているにすぎない。彼らは、習近平の中国と世界の覇権をあらそうアメリカ帝国主義をささえ、帝国主義陣営を防衛し、いかにしてさらによりいっそう労働者・勤労人民を搾取し収奪し支配するのか、というように問題をたてているのである。

このような帝国主義国家権力者の支配をその根底から転覆するために、全世界のプロレタリアは階級的に団結しよう！

二〇二一年三月一四日

〈10〉 ＥＶをめぐる読売新聞＝日本独占ブルジョアジーの困惑

読売新聞は「脱炭素への道　第二部」の連載を開始した。その第一回は「ＥＶ車業界揺る

がす 組み立ても外部委託」である（四月五日朝刊）。そのトーンは、記事の前半と後半とではまるで異なる。これを書いた記者は困惑している。このことは、読売新聞首脳部がその利害を代弁する日本独占ブルジョアジーの苦悩を反映しものであると言ってよい。

この記事の前半では次のように書かれている。

∧一方、EVの心臓部は、エンジンから蓄電池とモーターに置き換わる。必要なパーツを集め、組み立ても外部に委託すれば車はできる。自動車メーカーと下請けといった上下の系列関係は維持できるのか。これまで培ってきた仕組みが通用しない「ゲームチェンジ」の足音が迫る。

米IT大手アップルがいつEVへの参入を表明するのか。世界の自動車関係者の関心は今、この一点に集まる。株式時価総額は世界トップの二三〇兆円。巨大な資金力とブランドで企業を引きつける。提携相手として複数の有力自動車メーカーの名前が取りざたされ、アップルの「本気度」に真実味を与える。

電動化への対応次第では、日本の自動車産業に携わる五五〇万人の雇用が揺らぎかねない。∨

後半では次のようになる。

∧年間の新車販売台数が二五〇〇万台を超える世界最大の自動車市場、中国。政府が昨年一一月に発表した「新エネルギー車産業発展計画」では、EVの導入目標が後退した。EVを中心とする「新エネルギー車」が新車販売に占める割合は、それまで二五年に二五％前後としていたが二〇％前後に引き下げた。欧州のようなガソリン車の販売禁止にも踏み込まなかった。

中国はエネルギー供給の六割を石炭火力発電に頼る。∨

∧広大な国土を抱え、長距離走行が多い米国では、ガソリン車への支持が根強い。

ただ、世界で蓄電池の性能向上や製造コストの削減が進み、再生エネが拡大すれば、EVは確実に脅威になる。電動化時代に生き残る車はどれか。勝者はまだ見えない。∨

トヨタの社長の記者会見での発言は、つねに二重性をもっている。玉虫色というべきか、二枚舌というべきか。

アメリカでは、EVの開発と生産の分野では、GMなどの従来の自動車独占体ではなく、テスラが急拡大をとげている。そこにアップルが参入するというわけだ。テスラやアップルであるならば、従来の自動車独占体を破産に追いこむことに何のためらいもない。

ところが、日本では、トヨタがHV（ハイブリッド車）にしがみつくと同時に、ガソリンをまったく使わない車の開発に腐心している。トヨタの社長は、この両方を的確におしすすめる決断力をもっているのであろうか。

資本の人格化をなす人物のその能力と性向は種々さまざまであるとしても、その資本そのものは盲目的に運動しているのであり、そこには資本制生産の本質的法則たる価値法則が貫徹されているのである。

日本独占ブルジョアジー総体としては、自動車産業の従来の生産設備を直接的に廃棄し、そこで働いている五五〇万人の労働者を切り捨てることを、すなわちこれらの労働者の一部を配置転換しその圧倒的部分を退職に追いこむことを、決断しているのである。

日本および全世界の労働者たち・勤労者たちは、このような攻撃をうち砕くために階級的に団結してたたかおう！

二〇二一年四月五日

〈11〉 レアメタル獲得に賭ける日本の独占資本家の決意

読売新聞の連載記事の第二回の表題は、「レアメタル争奪 中国の影」である（四月六日朝刊）。それは次の書き出しで始まる。

＜南アフリカの最大都市ヨハネスブルクから車で約四時間の山あいに、日の丸がはためいていた。カナダの資源大手が開発を主導し、世界最大級の埋蔵量が期待されるプラチナ鉱山「プラットリーフ」。日本国旗は、鉱山が発見された一一年前から伊藤忠商事がプロジェクトに参入し、権益を持つ証しだ。

この鉱山で、中国の影が色濃くなりつつある。国有企業「中国有色鉱業集団」が昨年八月、このカナダ企業と戦略的パートナーシップを締結したのだ。＞

おおなんと反中国の日本のナショナリズムをむき出しにしていることか。おおなんと中国にプラチナ鉱山の権益を奪われることに危機意識を燃やしていることか。

この記事に掲げられている図表は、「中国は世界のレアアース生産の約六割を握る」というものと「レアメタルの主な産出国・地域」というものである。

この後者では、次のことが端的にしめされている。プラチナ（燃料電池車などの触媒に不可欠）のシェアは南アフリカが圧倒的、コバルト（リチウムイオン電池に使用）はコンゴ民主共和国が圧倒的、ニッケル（EVの車載電池に使用）はインドネシアが圧倒的というものであり、これらのいずれにも中国は登場しないのである。すなわち、これらのレアメタルは中国国内では産出されないものなのである。

このことからして、この図表を掲げた読売新聞首脳部の意図は明らかであろう。ここに露出しているのは、中国国内では産出されないレアメタルの権益は、中国には絶対わたさないぞ、という・アメリカ帝国主義と同盟した日本の独占ブルジョアジーの決意なのである。

帝国主義国である米日と国家資本主義国である中国とは、その支配階級が労働者階級・勤労人民の搾取と収奪を強化することを基礎として、そして後進の資本主義国の支配階級と結託してその国の労働者階級・勤労人民を搾取しふみにじり、このような抗争をくりひろげているのである。

全世界の労働者階級・勤労人民は、このような搾取と収奪と支配をうち破るために国際的に階級的に団結しよう！

二〇二一年四月六日

〈12〉 日本鉄鋼業の壊滅への支配階級の心痛

読売新聞の連載物の第三回は、「EU、有利なルール狙う」である（四月七日朝刊）。

しかし、このテーマで書かれていることはなんてことはない。この新聞社の首脳部の意をうけて記者の書いた真意は、記事の最後にある。

＜しかし、産業界を中心に慎重論は強い。脱炭素技術は確立されておらず、鉄鋼など、CO_2排出量が多い企業の経営を直撃するためだ。「製鉄所を国内で維持するのは難しくなる。閉鎖となれば、地域の雇用や経済はぼろぼろになる」。鉄鋼大手幹部が語気を強める。経済への打撃を最小限に抑えつつ、温暖化対策をいかに進めるか。着地点を見つけなければならない。＞

日本の支配階級が心を痛めているのは鉄鋼業なのだ。

日本製鉄は、すでに、高炉の火を次々に消し、生産拠点を海外に移していくとともに、その間に、炭素を使わない製鉄技術を研究開発する、という計画を発表している。すなわち、鉄鋼業の独占資本家は、国内では高炉などの生産設備を直接的に廃棄し、労働者たちを切って捨てる、という意志をうちかためているのである。彼らは、このことを労働者たちに貫徹するために、〝地域の雇用や経済がぼろぼろになるのをくいとめるために頑張ったがもう抗しえない〟と言いくるめるイデオロギー的煙幕を張っているのである。

日本の労働者たちは、全世界の労働者たちとプロレタリアとして団結し、このような攻撃に敢然とたちむかおう！

二〇二一年四月七日

〔13〕 中国への不信あおりで締めくくり

読売新聞の連載物の最終回である第四回の見出しは「米中 協調姿勢見えず」であり、その記事は次の言葉で締めくくられている。

＜中国電力企業連合会によると、二〇年末の石炭火力発電所の設備容量は一〇・八億キロ・ワットと、前年より約四〇〇〇万キロ・ワット、四％近く増えた。増加分は原発四〇基分に相当する。二酸化炭素（CO_2）を多く排出する石炭火力発電所の基幹電源としての位置付けに変化はなく、二五年までの新五か年計画でも、削減を明記していない。

脱炭素化の取り組みは数十年間に及ぶ。各国の戦略的な対応が求められる。＞

たしかに、最後の一行を除く部分は、事実にかんする記述である。だがしかし、このことを書いて、各国の戦略的な対応が求められる、とするのは、明らかに、中国への不信をあおりたてるものである。

中国政府は自国の利害を貫徹しているのである。建設途中であった・技術性の高い石炭火力発電所を廃棄するのはもったいない。それは完成させ稼働させたうえで、古臭くなった火力発電所から順番に廃棄していけばいい、と彼らは考えているのだ、と言える。彼らにとっては、石炭火力発電所の比重がきわめて大きい現状を当面そのままにしておいたうえで、そこから減らしていけば、二酸化炭素の排出を何パーセント減らした、と大宣伝することができる、というわけなのである。

この中国にたいして、日本独占ブルジョアジーは、日本の排外主義的ナショナリズムを丸出しにして対抗する姿勢をしめしているのであり、このナショナリズムを労働者・勤労大衆に吹きこむことを狙っているのである。この意志を代弁したのが、この特集記事の締めくくりの言葉なのである。

全世界の労働者たち・勤労者たちは、自国の支配階級が流す排外主義的ナショナリズムをうち破り、脱炭素産業革命にもとづく諸攻撃をうち砕くために国際的に階級的に団結してたたかおう！

二〇二一年四月八日

〔14〕 水素供給網の覇権争い、熾烈

日経新聞電子版に〈「夢の燃料」水素の覇権競う　米欧中日、供給網火花〉と題する記事がいま載った（四月一二日）。

〈供給網とはモノを「つくる」「運ぶ・ためる」「売る」「使う」の四つの目的をつなげる大きな商流をさす〉として、水素にかんするこの四者をめぐって、米欧中日が覇権を争っているのだ、とされる。

このばあいに、この記事を記者に書かせた者の背後にいる日本独占ブルジョアジーの問題関心は、四つ目の「使う」に集中している、といってよい。すなわち、トヨタが、――水素と酸素の反応で走り、走行時にでるのは水だけ、という――FCV（燃料電池車）でもって世界を席巻できるのか、それはEV（電気自動車）に勝てるのか、ということである。

トヨタがFCVを大量に生産するためには、――この大量生産は、この車そのものの技術性およびこれを生産する技術を飛躍的にたかめるために不可欠なのであり、そのためには、――

水素ステーションを日本国内に大量につくらなければならない、そして水素を運び・ためる技術を確立しなければならない、さらに水素をつくる技術を開発しその生産において日本の企業が確固たる地位を確立しなければならない、というわけなのである。

これは、日本の国家権力者にたいする要求である、といってよい。日本では、EVに電気を供給するための電気ステーションの普及さえままならない。日本の歴代の首相は、あまりにも決断力がないのである。独占資本家どもはイライラしているといえる。トヨタの社長の態度もこのイライラの表現なのである。独占資本家としては、日本の諸企業は個々の技術の開発を尖端的にすすめているのに、これを普及する基盤を整備するための国家権力の発動が欠如している、というわけなのである。

技術開発でおもしろいのは、千代田化工建設が開発したと書かれている、水素とトルエンを化学反応させてメチルシクロヘキサン（MCH）という液体にして運ぶ技術である。

＜MCHにすれば既存の石油タンクやタンカーを使え、安全性も高い。ブルネイで水素をつくり、MCHで川崎市の製油所に運んで水素とトルエンに分ける。水素は発電に使い、トルエンはブルネイに戻して再び水素の運搬に使う循環の仕組みを整えた。＞と。

川崎重工業が開発した液化水素運搬船とどちらがうち勝つのであろうか。それとも併存しうるのであろうか。

とにかく、独占資本家としては、自分たちはこれだけ頑張っているのだ、政府な何をやっているのか、ということなのである。

自分たちの利害をもっと十全に貫徹するように政府の尻をたたく独占資本家どもは、脱炭素の諸技術の開発と同時に、炭素を使う既存の分野の生産設備を直接的に廃棄し、そこで働いている労働者を大量にお払い箱にすることを狙っているのである。

労働者たちは、独占資本家どものこのような策動をうち砕くために、階級的に団結してたたかおう！

二〇二一年四月一四日

〔15〕没落する者の結託――日米首脳会談

台湾を併呑することを狙って軍事的諸行動を着々と強化する中国を敵として、日米の国家権力者は、軍事同盟を強化する合意をうちあげた。

経済的にも軍事的にも世界の覇権をにぎることを企てる中国に、帝国主義国アメリカは、その勢力部面と範囲をどんどん浸食されている。軍事的対抗を強化すると同時に、中国と分断するかたちでの・自国とその同盟諸国中心の国際経済体制をつくるのが、アメリカの独占ブルジョアジーの利害を体現するその国家権力者の目論見である。

これにたいして、日本の諸独占体は、アメリカ経済に依存すると同時に中国経済にも依存することなしには生き残れない。ここに、台湾有事には日本国軍をアメリカ軍の指揮のもとに連携して行動させることを確約しつつも、台湾問題やウイグル問題についての共同声明の文言の表現に、日本政府がこだわらなければならなかったゆえんがある。

高度技術のもろもろの部面において中国が先端を切っていることを何としても挽回するために、日米両権力者は、脱炭素の技術の全世界的な開発競争において両国が主導権を握る意志を相互に確認したのだ、と言える。

アメリカでは、すでに、二〇三〇年には中国が世界第一位となると予測されている半導体の生産にかんして、中国への依存を回避するために、インテルは国内での生産を拡大する投資計画を決定した。また、兵器の生産に必要なレアアースの八〇%をアメリカが中国からの輸入に頼っているという現状を打開するために、ＵＳＡレアアースは、レアアースの国内での生産の拡大に走っている。

日米両国の国家権力者と独占ブルジョアジーは、労働者・勤労民衆の搾取と収奪と抑圧の強化のうえに、このような策動をくりひろげているのである。
全世界のプロレタリアートは、搾取と収奪と抑圧をうち砕くために、国際的に階級的に団結しよう！

二〇二一年四月一八日

〔16〕アメリカ権力者に梯子をはずされる心配

読売新聞は、〈新冷戦の日米同盟（下）　バイデン氏「自国経済優先の影」〉という記事で、日本がアメリカ国家権力者に梯子をはずされる心配をしている（四月一九日朝刊）。これは、日本独占ブルジョアジーの正直な心情を、代弁して吐露したものだ。

〈重要な戦略物資のうち、半導体部品や医薬品、蓄電池などの中国からの輸入割合は、日本が米国を大幅に上回る。「直ちに結びつきを弱めるのは容易ではない」（三菱総合研究所の橋本択摩主任研究員）のが実情だ。サプライチェーン再構築に異論はないものの、米国の要求がエスカレートし、中国のデカップリング（切り離し）を求めてくるとのめない。

米国の対中戦略には、自国の利益が第一という発想も見え隠れする。＞

＜「日本に過度な要求をした揚げ句、自国経済を優先して中国と妥協し、はしごを外すことはないのか」。日本政府内に漂う懸念だ。＞

読売新聞としては報道という体裁を整えなければならないがゆえに、この記事を書いたワシントン支局の田島大志、当新聞社首脳部の信任が厚いのであろうこの記者は、日本の支配階級の胸の内をおもんぱかった自分の心情を、「日本政府内に漂う懸念」として表現したのであろう。ワシントンに赴いた日本政府関係者には、このカギカッコ内の言葉を自分の口から新聞記者に漏らした――そういう勇気のある――人物はいなかったであろうからである。

二〇二一年四月一九日

〈17〉トヨタはＦＣＶからＥＶに開発の重点を移したか

四月一九日を初日として、上海モーターショーが開催された。トヨタは、ここで、スポーツタイプ多目的車（ＳＵＶ）の新型ＥＶ「ＴＯＹＯＴＡ　bＺ４Ｘ（トヨタ ビーズィーフォーエックス)」のコンセプト車両を披露した。

トヨタの発表によれば、これはbZシリーズの第一弾であり、SUBARU(スバル)と共同開発したEV専用プラットフォーム「e‐TNGA」を採用したものであり、ソーラー充電システムを採用して、航続距離を確保した、という。このbZ4Xは、日本と中国での生産を予定しており、二〇二二年央までにグローバルでの販売を開始する計画であり、二〇二五年までにbZシリーズ七車種を含むEV一五車種をグローバルに導入する、という。

トヨタは、これをもって、ガソリンをまったく使わない車の研究開発の重点を、これまで熱心にその開発をおこなってきたFCV(燃料電池車)からEV(電気自動車)に移した、といえるであろうか。これが、分析の眼目となる。

FCVには難点がある。燃料電池は、水素と酸素を化学反応させて電気を起こす仕組みであり、二酸化炭素をまったく出さないのであるが、水素と酸素のこの反応の触媒としてプラチナを必要とする。ここに、FCVを支配的な車とするほどにプラチナを生産することができるのか、という問題があるのである。しかもプラチナの生産シェアは南アフリカが圧倒的なのであり、伊藤忠商事も権益を持つ・当地のカナダ系のプラチナ鉱山開発企業には中国の手が伸びてきているのである。また水素を高圧で圧縮したままで水素ステーションから車に充填しなければならない。これには高度な技術性をもつ装置が必要であり、そして多くのエネルギーを消費する。もしも少しでもミスがあれば水素は爆発してしまうのである。さらには、二酸化炭素をまったく出さないかたちで水素を生産するためには大量の電気エネルギーを必要とするのであり、――水素を運ぶタンカーなどのように、自分の運航の燃料として使う水素をも一度に積めるのであるならばともかく、――そんな手間をかけるよりも電気エネルギーをそのまま使った方がいいのではないか、ということがでてくるのである。EVであるならば、家庭で充電したり蓄電池を交換式のものにしたりすることも可能となるのである。

トヨタは、このようなことを勘案して、FCVからEVに舵を切ったのではないか、とおもわれるのである。

もちろん、トヨタは、看板のHV（ハイブリッド車）を売らなければならない。だから、同社は、あくまでも「電動車」というように、すべての車の種類をひとくくりにするのである。「CO_2削減に貢献」するために「サステナブル（持続可能）な移動手段をプラクティカル（実用的）な形で提供するとの考えのもと、HV／PHV／EV／FCVという電動車のフルラインアップ化を推し進め、様々な選択肢を用意しています。」というように、である。

トヨタという独占資本、この資本の人格化としての社長は、労働者たちに犠牲を転嫁し・かつ労働者たちを徹底的に搾取して自資本が生き残るために、いろいろと策を練っているのであろう。

全世界の労働者たちは、全世界的規模での脱炭素産業革命にもとづく諸攻撃をうち砕くために、国際的に階級的に団結してたたかおう！

二〇二一年四月二〇日

〔18〕 トヨタ、しぶとく「水素エンジン車」？

トヨタは、水素を燃料とする「水素エンジン車」を開発し、五月の自動車レースで走らせる、と発表した。

ガソリンに代わって水素を燃料とするエンジンを使うのであれば、これまで培ってきた技術を生かすことができるので、傘下の下請け・孫請け企業をつぶさずに済み、そこで働く労働者たちの雇用を守ることができる、というわけなのだ。

しかし、こんな小手先細工で、ＥＶ（電気自動車）にうちかつことができるのだろうか。

これは独占資本家の悪知恵を働かせた手口なのかもしれない。下請け・孫請け企業の経営者と、そこで働く労働者たちをだまし・たぶらかすために、わが社はあんたがたの生活と雇用を守るのに必死なんだ、と見せかけるポーズなのかもしれない。

他方、アメリカでは、テキサス州ヒューストン北部で、テスラのＥＶが運転席無人の自動運転中に高速で木に衝突し炎上、二人が死亡した。

資本主義的競争は無慈悲である。資本は、労働者たちをどん底の生活に突き落とすことも、車の使用者を死に至らしめることも、一切気にすることはない。資本は、情け容赦なく、他の諸資本にうち勝ち、自己運動する価値たる自己を増殖するために、労働者たちの生き血を吸うことに邁進するのである。

これをその根底から断ち切るために、労働者たちは団結しよう！

二〇二一年四月二三日

〈19〉緑の党の抱きこみと肩入れ

ヨーロッパ諸国で環境政党が勢いを増している。ドイツでは、緑の党の支持率が二三・〇％となり、二四・〇％の与党キリスト教民主・社会同盟（ＣＤＵ・ＣＳＵ）を猛追している。

これは、新旧の諸産業における脱炭素の技術開発と開発された技術にもとづく生産に利潤を求めて群がる独占資本家どもが、「環境保護」を掲げる諸政党を抱きこみかつこれに肩入れしたことを意味する。

新自由主義潮流の台頭と現代ソ連邦の崩壊を契機として、社会民主主義的であれスターリン主義的であれ歪められた階級闘争そのものが壊滅したあとのヨーロッパ諸国において、展望を喪失したプロレタリア・勤労民衆をとりこんできた環境政党が、彼らをとりこんだままで独占ブルジョアジーの利害を代弁する党となったのである。

全世界的規模におけるプロレタリア階級闘争のこのような新たなかたちでの壊滅的危機を突破するために、われわれは日本反スターリン主義運動を再創造するイデオロギー的＝組織的闘いを基礎にしてたたかいぬくのでなければならない。

二〇二一年四月二六日

〈20〉トヨタの水素エンジン車開発、日本のガラパゴス化を見越してのことか

考えると、やはり、トヨタが水素エンジン車を開発したのは、たんに、下請けや孫請けの企業を守るのだ、というポーズをとるためのアドバルーンにすぎない、とは思えない。企業としては、そんなポーズのために金を使うのはもったいないからだ。他面、従来のエンジン車技術に水素取り扱い技術を付加したものといえる水素エンジン車が、部品数のきわめて少ない電気自動車に、世界市場で勝てるとは、とうてい思えない。ちなみに、テスラの電気自動車は、従来の車のイメージとは異なるＩＴ（情報技術）の塊のようになっているのだそうなのである。

水素エンジン車であれ、これとの対比では水素モーター車といえる燃料電池車であれ、水素を使う車が衝突事故を起こせば、水素爆発という大爆発を引き起こすことになる。諸企業が荒っぽい競争をくりひろげている中国において、中国企業も外国資本との合弁企業も、このような車を開発の基軸とすることは考えられない。中国では技術開発の中軸は電気自動車となる、と言えよう。このばあいに、モーターに永久磁石を使うとするならば、これにレアアース

のネオジムを必要とし、これの九七％が中国で生産される。このことからしても、中国資本であれ国際的な自動車独占体であれ、電気自動車の開発と生産は中国に集中するのが有利である。

このようなことを考えるならば、トヨタの社長は、中国での生産および中国向けの車としては電気自動車を開発することを基軸とし、日本市場向けには、できるだけ長くハイブリッド車の生産と販売を維持し、電気自動車・燃料電池車・水素エンジン車の三種類のそれに徐々に移行していく、ということを考えているのではないか、とおもわれるのである。

すなわち、トヨタ資本の人格化をなすこの人物は、日本がガラパゴス化する、ということを見越したうえで、個別資本であるトヨタの利害をあくまでも貫徹するための策をねっているのではないか、ということである。

トヨタとしては、自企業が生き残るためには、日本市場・中国市場・アメリカ市場・ヨーロッパ市場などなどにかんして、その諸条件に応じて対応を変えなければならない。

日本市場にかんしては、ハイブリッド車が圧倒的に大きな比重を占めているのであり、これを生産するための下請け・孫請け企業という系列の体制も整っている。トヨタとしては、これを活用し尽くさない手はない、ということなのだ、とおもわれるのである。

日本においては、独占ブルジョアジーからするならば、歴代の首相は優柔不断であって、電気ステーションを設置するのもままならない。水素ステーションともども、その建設はいつのことになるのかわからない。トヨタの社長はこのことを見越している、とおもわれるのである。さらに、日本の電気エネルギー源は火力発電が中心であって、今後を考えたとしても、独占ブルジョアジーが見て、太陽光発電も風力発電もまた原子力発電も、さしたる明るい展望はない。

車がその外側から利用するエネルギーというように考えるならば、電気自動車は電気エネルギーなのであるが、燃料電池車も水素エンジン車も、使うのは水素そのものである。脱炭素の技術開発ということでは、船舶やジェット機もそのエンジンのために水素を使う技術の開発が追求されている。車にかんしても、トラックなどの大きな重量で長距離を走る車は、水素を使う方が有利だ、という説がある。ヨーロッパでは燃料電池電車の開発もすすめられている。このようなことを考えるならば、諸産業が基盤とする技術として、水素を直接に使う技術が発達する可能性があるのである。

他面では、オーストラリアで褐炭から抽出した水素や太陽光発電で得た電力で生産した水素やまたブルネイで天然ガスから作った水素などを輸入する取り組みがすすめられている。

このようなもろもろのことがらが進展するならば、日本は、電気エネルギーの生産にかんしては貧弱なままに、外国で生産された水素の輸入に頼り、このような水素を活用する技術だけが発達する、ということになる可能性がある。これは、国土の大きい国では太陽光発電を拡大し、ヨーロッパ諸国では風力発電を発達させ、またこの電力を使って自前で水素をつくる、というのとは異なった特異な産業構造をなすのである。トヨタの社長としては、日本がこのような意味でガラパゴス化するであろうことを見越したうえで、このようなことを自資本にとっての外的諸条件として自資本を増殖する策をねっているのかもしれないのである。

以上のことは、私がトヨタの社長の立場にわが身をうつしいれて、まわりの現実的な動きを見るならば、このようなもろもろの諸条件の進展と展望が見えてきた、というにすぎない。

トヨタの経営陣がどのような展望を構想しているのであれ、彼らが労働者たちの搾取と犠牲のうえに、自資本の生き残りを策していることは間違いない。

全世界の労働者たちは、独占資本家どもの脱炭素産業革命にもとづく諸攻撃をうち砕くために、階級的に団結してたたかおう！

二〇二一年四月二八日

〔21〕日本独占ブルジョアジーの期待は地熱発電か

日本の独占ブルジョアジーが、電気エネルギー源として希望を託しているのは地熱発電なのかもしれない。いま、NHKが地熱発電の宣伝をやっていた。

地熱発電とは、地下一〇〇〇メートルぐらいにまでパイプをつっこんでいって、そこに溜まっている二〇〇度ぐらいの熱水を噴出させ、それでタービンを回す、とともに、使った熱水をまた地下に戻す、という仕組みである、という。この地熱資源の量は日本が世界第三位(一位がアメリカ、二位がインドネシア)なのにこれまで開発がすすまなかったのは、この開発に資金と時間がかかるからだ、という。開発に一〇年ぐらいかかり、利益がでるのにはもっとかかるということであったが、溜まっている熱水を探り当てるのが大変だ、ということより以上には、特段の理由を私はつかみとることができなかった。

このとき私の頭にうかんだのは、エクソンモービルはトランプに頼りすぎて企業戦略を誤ったのではないか、ということであった。

地下に溜まった熱水を探り当て噴出させる技術は、原油の探査・掘削の技術と同じである。溜まっている原油を採掘するという従来型のそれと同じなのであって、シェールオイルの採取のための水圧破砕というような高度な技術はまったく必要ではない。地下一〇〇〇メートルというのはまったく大したことはない。シェールオイルでは三〇〇〇メートルぐらい掘り進むし、従来型油田でも今は深海の海底から同じくらい掘り進むのである。

エクソンモービルは膨大な資金をもっているのであって、それを十数年寝かせる気で地熱発電に投下すれば、これが利潤を生むものとなったかもしれないのである。

アメリカには砂漠があるので、太陽光発電にも風力発電にも有利である。生産した電力を使って水素をつくることもできる。これとの競争にうち勝ちうるのかどうかはわからない。

アメリカの独占ブルジョアジーと国家権力者は、原発にかんしては、耐用年数四〇年のところを八〇年も使って、その技術も確立されていず莫大な国家資金を必要とする廃炉を先延ばしにしているのである。原発資本として一世を謳歌したうえで破産したウェスティングハウスを日米権力者が結託して東芝に買わせたのであったが、買わされたことによって東芝が倒産の憂き目にあった。

日本の独占ブルジョアジーと国家権力者は、原発にかんしては、アメリカ支配階級の後塵を拝する道を選ぶとしても、何か一筋の光が欲しいのだ、といえる。

日本の商社は、原油や天然ガスやまたその他の鉱物資源を採掘する諸企業に資本を投下し、商業資本であると同時に資源独占体としてのしあがってきた。彼らが、内部留保している資金を使い、権益を保持している諸企業の技術を転用するならば、地熱発電にやすやすとのりだすことができる。NHKが宣伝したということは、商社などの諸独占体が、温泉旅館を踏みにじり、森林という自然を破壊するのをものともせず、新たなこの電気エネルギー源分野にうってでる機会を虎視眈々と狙っていることを意味するのかもしれない。

もちろん、地熱発電先進国のニュージーランドでは、国立公園と地熱発電所の設置場所とは離れているのに、日本では、熱水が溜まっている箇所の多くがあるのは、国立公園に指定されたところの地下であるらしい。国立公園内ではそのような開発は禁止されているので、その土地で開発できるようにするためには法律を変えなければならない、という。このいみでは、NHKの番組は、法律を変えようという呼びかけであるともいえる。

それが実現されるまでは、それぞれの地方で、小さなものであれ同時多発的に、温泉旅館と折り合いをつけながら、地熱発電をおこなっていくことを、地域資本に呼びかける、とともに、金融業の諸資本や諸独占体に、これに資金を投じ・技術を提供することを促しているのだ、といえる。

金融業の諸資本や諸独占体は、これを、賃労働者の生きた労働を吸収し・みずからの資本を増殖する機会ととらえるのである。

二〇二一年四月二九日

〈22〉 日本の独占資本家たちはもっと明るいのであろう

私は、日本のガラパゴス化というように、日本の独占資本家たちにとって悲観的なことを書いたのであるが、彼らはそんなことは意に介さず・また考えもせず、もっと明るいのであろう。彼らのそれぞれは、個別の資本の人格化なのであって、日本の総資本の人格化としての人物などというものは存在しないからである。

三菱商事などの総合商社は、海外を中心に発電所の建設から運営までを担う電力事業を手掛けている。彼らは、その分野で、太陽光や風力を使う事業にボンボン投資して利潤を増やすことを追求するとともに、火力発電所を削減することを企てているのである。また、ブルネイやオーストラリアで水素をつくり日本に運ぶというような諸事業の諸企業集団に加わっているのである。さらには、海外での諸事業に比しては小規模ながら、日本の各地で、太陽光でもって発電し、太陽がよく照って電力が余ったときにはそれでもって水素をつくるとか、海上の風力でもって発電するとかの諸事業に資金を投下しているのである。

彼らにとっては、海外であろうが日本国内であろうが、労働者たちを搾取し勤労諸階層を収奪して利潤を得ることには何の変りもない。彼らにとっては、みずからの資本を増殖することだけが規定的動機なのであり、衝動なのである。再生可能エネルギーや水素の技術開発と生産が、そしてこれらをエネルギーとして使う製品や生産過程の技術開発とこれにもとづく産業の再編が、彼らの格好の資本投下先となっているのである。

日本労働運動が変質に変質をかさねてきたことのゆえに、それが敗退に敗退を喫してきたことのゆえに、そしてこの現実をわれわれが打開しえていないことのゆえに、独占資本家どもは明るい顔をしているのである。痛苦である。

われわれは、この現実を突破するためにイデオロギー的＝組織的にたたかいぬこう！

二〇二一年五月一日

〈23〉 日本の科学力へのブルジョアジーの危機感

わが仲間が、日本ブルジョアジーの危機感がよくわかる、と産経新聞の社説を送ってくれた。そこには、∧日本の科学力　安全保障の観点で再建を∨と題して次のように書かれてあった。

∧新型コロナウイルスのワクチン開発において、日本は世界のトップグループのスピードについていけなかった。∨

∧科学技術に関して「日本は先進国である」という思い込みは、捨てなければならない。このままでいいはずはない。

産官学と国民が総力を結集して日本の科学技術の立て直しを図る必要がある。∨

∧ワクチン開発やデジタル化の遅れが、大学や研究機関の科学力が原因だったとは考えにくい。研究室の段階では必要な知識、技術はあるはずなのに、製品開発や社会普及の段階で世界のトップグループからは大きく遅れた。その原因は社会の科学力にある、と認識すべきである。∨

＜政府も企業も国民も、科学技術を経済成長の道具ととらえてきたのではないか。安全保障の観点で「日本の科学力」の立て直しを図らなければならない。＞

ものすごい危機意識だ。

日本が三流の帝国主義国に転落してしまったことへの危機感と焦燥感だ。

これは、いまアメリカ帝国主義国家と同盟して日本帝国主義国家が中国国家資本主義国家とくりひろげている、水面下での、いやサイバー空間での陰湿な戦争で、そしてそのための諜報戦で負けてしまうではないか、また生物兵器の開発で中国に後れをとってしまうではないか、という日本独占ブルジョアジーの危機意識の表白にほかならない。

中国国家との、アメリカ国家・日本国家が同盟しての現代の戦争を阻止するために、全世界の労働者は団結してたたかおう！

二〇二一年五月六日

〔24〕「ワクチン敗戦」という〝まっとうな〟危機感？

日経新聞電子版は∧必然だったワクチン敗戦　不作為三〇年、民のはしご外す∨と題して次の記事を掲載した（五月九日）。

それは、次の文章ではじまる。

∧新型コロナウイルスのワクチン開発で日本は米英中露ばかりか、ベトナムやインドにさえ後れを取っている。菅義偉首相が、四月、米製薬大手ファイザーのトップに直々に掛け合って必要なワクチンを確保したほどだ。「ワクチン敗戦」の舞台裏をさぐると、副作用問題をめぐる国民の不信をぬぐえず、官の不作為に閉ざされた空白の三〇年が浮かび上がる。∨

筆者である先端医療エディター・高田倫志のこの危機感は、労働者たちや勤労者たちの共感をも呼び起こす・ごくまっとうなものである、といえる。

だがしかし、ワクチンの市場規模にかんして、低迷するままの日本と右肩上がりの世界とを対比するグラフを掲載していることに端的にしめされるように、この人物の関心と危機意識は、人びとをウイルスから救うことにあるのではなく、戦略商品であるワクチンの開発と市場争奪戦に日本が敗北していることに集中しているのである。まさに、ここにこそ、日経新聞首脳部とその背後にいる日本独占ブルジョアジーがこの人物を利用する価値があるのだ、といわなければならない。

この人物は言う。

∧危険なウイルスを扱える実験施設は国内に二か所しかなく、ひとつは周辺住民の反対で最近まで稼働しなかった。

厚労省、農水省、文科省をまたぐ規制は複雑で、遺伝子組み換え実験は生態系への影響を防ぐ「カルタヘナ法」に縛られる。欧州は医薬品を同法の適用除外とし、米国は批准もしていない。

製薬会社は日本市場を迂回する。武田薬品工業が開発中のデング熱ワクチン、田辺三菱製薬のタバコ葉の植物由来ワクチンも国内承認への計画は未定のままだ。∨

ようするに、この人物の主張は、周辺住民の反対も押し切り、種々の法的規制も撤廃して、日本企業が市場争奪戦の勝利へとまっしぐらにすすめるように、政府は諸条件を整えよ、というものなのである。丸カッコ、これでは、生物兵器を開発するための基礎研究さえもできないではないか、というわけなのである。

ここに、新型コロナウイルスの感染拡大に苦しむ労働者たち・勤労者たちの利害と心情を汲むかのような顔をしながら、戦略商品たるワクチンの開発の犠牲を労働者たち・勤労者たちに迫る日本独占ブルジョアジーの意志が貫徹されているのである。

支配階級のこのような意志を断固としてあばきだそう！

二〇二一年五月九日

〔25〕「トヨタは日本に残るか」というおどし

日経新聞電子版は、〈日本企業覆う「シン・六重苦」　トヨタは日本に残るか〉という記事を掲載した（五月一二日）。筆者は、同社が「本社コメンテーター」と呼ぶ中山淳史である。

この人物が意図しているところのものは、「補助金主義」という新たな保護主義をとるアメリカのバイデン政権に対抗して日本もまた補助金主義をとらないことにはトヨタは日本から逃げてしまうぞ、という日本政府へのおどしである。「補助金競争に追随せよ、ということではないが」という言葉をもって、補助金競争に勝利せよ、と言っているわけなのである。

バイデン政権は、米国で生産された（American-Made）電気自動車（ＥＶ）の購入に総額一〇〇〇億ドルにのぼる補助金を出す、電池・モーターなどＥＶ関連部品の生産拠点・設備への投資を補助する、充電設備などのインフラに投資する、これが「アメリカン・ジョブズ・プラン」という二兆ドルのインフラ投資計画の一環なんだ、とこの人物は叫びたて、焦りといらだちをあらわにしているのである。

ナカニシ自動車産業リサーチの中西孝樹代表は、自動車産業にのしかかる、①サプライチェーン（供給網）②エネルギーミックス③脱炭素④資源⑤ＥＳＧ（環境・社会・企業統治）⑥貿易ルール――の六つの問題を「新六重苦（頭文字をとってＳＥＣＲＥＴ）」と呼んでいるのだそうであるが、この筆者は、これを「シン・六重苦」と表記して、「新」というだけでなく、「真」や「深」の漢字も当てはまるほどだと、ありったけの危機感表現をしているのである。

この人物のこの表現は、日本独占ブルジョアジーの危機感の代弁にほかならない。

日本の政府と独占資本家どもがたくらむ、国家資金の投入をテコとする脱炭素産業革命、これにもとづく労働者階級への大攻撃をうち砕くために、労働者たち・勤労者たちは階級的に団結してたたかいぬこう！

二〇二一年五月一二日

〔26〕 中国、民間暗号資産の壊滅にのりだす。アメリカも追随して規制強化

中国銀行業務協会は二〇二一年五月一八日に、金融機関にたいして、民間暗号資産の関連業務を禁じる通知を出した（「読売新聞」五月二四日朝刊）。

これは、中国当局が、ビットコインなどの民間の暗号資産を壊滅させ、こうしたものをデジタル人民元でもっておきかえることに踏み切ったものである、と推論することができる。

アメリカ財務省はこれに追随して、暗号資産の規制の強化にのりだした（二〇日）。

ビットコインは、すでに、アメリカで電気自動車（ＥＶ）の先端を行くテスラが決済での利用を一時停止すると表明した（一二日）ことを契機に急落し、中国当局の発表後の一九日には、一時、四月中旬のピークの半値以下となった。

中国の国家権力者および官僚資本家と、アメリカの国家権力者および独占資本家は、自国の労働者たちの搾取を強化することを基礎にして、サイバー空間での通貨および金融資産をめぐって熾烈な抗争をくりひろげているのだ、といわなければならない。

このような抗争をくりひろげる米中および世界各国の支配階級による労働者たちの搾取と収奪の強化をうち砕こう！

二〇二一年五月二四日

〈27〉石油の巨人エクソンモービルの歴史的敗北

エクソンモービルの株主総会において、同社経営陣の強硬な反対にもかかわらず、取締役会の新たなメンバーとして、気候変動への対策を求める株主の推薦した候補四人のうち二人が選出された。この推薦団体たる小さな「エンジン・ナンバーワン」がいわゆる物言う株主の態度をとったのは、はじめてのことであった。

アメリカの報道機関は「石油の巨人の歴史的敗北」と報じた。

この事態は、この巨大独占体の経営陣が、気候の変動を否認した前大統領トランプに依拠して、脱炭素のエネルギー転換の動きを読み誤り、これへの対応をおこたったことにもとづく。

このような動向をもはらみつつ、全世界の巨大独占体・金融資本グループは、脱炭素産業革命とこれにもとづく労働者たちへの攻撃に狂奔しているのである。

全世界の労働者たち・勤労者たちは、このような攻撃をうち破るために国際的に階級的に団結してたたかおう！

二〇二一年五月二七日

〔28〕 自己保身の塊どもの集まり――G7サミット

イギリスのコーンウォールで開催されたG7サミット（先進国7か国首脳会議）は、このままでは支配者としてみずからの支配を維持できないという自己保身に駆られた者どもの身の寄せ合いであった。

中国に対抗しての新型コロナウイルス・ワクチンの途上国への一〇億回分の供与、中国からの台湾の防衛、中国およびロシアへの人権問題の対応の要求、中国の「一帯一路」戦略の貫徹に対抗するための途上国のインフラ開発への支援、中国への劣勢を挽回するための先端領域の新技術の開発、地球環境問題への対処、東京オリンピック・パラリンピック開催の支持などなど。

結集した国家権力者どもは、中国およびロシアを「独裁政府」「権威主義国」と烙印し、自国および自分たちを「民主主義国」「民主主義」の守護者としておしだしたのであった。

これは、彼らが、中国およびロシアへの排外主義的ナショナリズムを外および内に貫徹し、「民主主義」イデオロギーでもって自国の労働者階級・勤労民衆を欺瞞しからめとり、自己の支配の安泰をはかるものにほかならない。

スターリン主義の死滅のうえに、自国の労働組合を破壊するとともに・残った労働組合を現存国家をささえるものへと変質させ、労働者階級の利害を代弁すると自称してふみにじる政党さえもが存在しなくなった現存諸政党をみずからのもとに統合して・形骸としてのブルジョア議会を表にたて、サイバー技術をも駆使して労働者階級・勤労民衆を強権的に支配するものとしてうちたてたところの、ネオ・ファシズム統治形態を「民主主義」と言いくるめているのが、今日の帝国主義諸国の国家権力者どもなのである。

これらの権力者どもが、自国を「民主主義」の国として自画自賛した、今日の「民主主義」イデオロギーとはこのようなものなのである。それは、ブルジョアジー独裁の現代帝国主義的現実形態たるネオ・ファシズム統治形態に労働者階級・勤労民衆をあみこみつなぎとめておくための虚偽のイデオロギーなのである。

全世界の労働者たち・勤労者たちは、このようなイデオロギー的および政治的支配と、このような政治的支配をもって維持する独占ブルジョアジーによる搾取と収奪をうち破るために、国際的に階級的に団結しよう！

二〇二一年六月一五日

〔29〕〈「権威主義陣営」対「民主主義陣営」〉という虚偽のイデオロギー

いま、G7サミットを契機に〈「権威主義陣営」対「民主主義陣営」〉という虚偽のイデオロギーが流布されている。

「権威主義陣営」と呼称されている中国およびロシアは、実は、スターリン主義政治経済体制の破壊のうえにうちたてられた国家資本主義の国である。その国家は、スターリン主義官僚から転化した資本家的官僚および官僚資本家が牛耳っているところの専制的支配体制の国家なのである。スターリン主義特権階層であった者どもの転化した資本家が中軸をなす資本家階級の国家としてその本質はブルジョアジー独裁である。

「民主主義陣営」と呼称されているG7の諸国は、実は、現代ソ連邦およびソ連圏の崩壊を外的条件とし、プロレタリア階級闘争の破壊と壊滅を内的要因としてうちたてられた強権的な支配体制をなすネオ・ファイズム統治形態の国家であり、その本質はブルジョアジー独裁なのである。

後者の支配者どもが前者を「権威主義」とさげすみ、みずからを「民主主義」の守護者としておしだすのは、目くそ鼻くそを笑うのたぐいであり、ちゃんちゃらおかしいのである。後者の政治形態それ自体がもはやブルジョア民主主義のそれではなく、ブルジョア民主主義の政治形態をソフトなかたちで破壊し換骨奪胎したところのネオ・ファシズム支配形態なのである。そしてブルジョア民主主義それ自体がブルジョアジー独裁の実現形態なのである。

ともに、それぞれの支配階級が、自国の労働者階級・勤労民衆の搾取と収奪を維持するために、それぞれの政治的支配の形態をとっているのである。

G7の帝国主義諸国の労働者たち・勤労者たちは、〈「権威主義陣営」対「民主主義陣営」〉という虚偽のイデオロギーの、したがって自分たちを「民主主義」の守護者とおしだす支配者どものイデオロギーの階級的本質をあばきだし、みずからを階級として組織し、中露の労働者階級・勤労者たちと国際的に階級的に連帯し団結していこうではないか。

二〇二一年六月一五日

〔30〕 テスラ好調の意味するもの

EV（電気自動車）分野で急成長したアメリカのテスラは、二〇二一年四～六月期の世界でのそれの販売台数が前年同月比二・二倍の二〇万台超となった、と発表した。売上高は前年同期比二倍の約一一九億ドル（約一・三兆円）、最終利益は一一倍の約一一億ドル（約一二〇〇億円）となり、いずれも過去最高だった、ということである。

これは、脱炭素の動きにのって、EVの販売をアメリカばかりでなく、中国でも伸ばしたことにもとづく。中国での販売が急増したのは、同社が上海での現地生産に踏み切り、販売価格を大幅に引き下げたことを要因とする。このことはまた同時に、危機意識を燃やした中国政府によって規制の標的にされることをもともなっているのである。四月には、国営新華社通信などが、顧客の苦情にたいするテスラの対応は「傲慢だ」と非難したのであった。

ここで、テスラのこの伸長を分析するために、トヨタと単純な比較をする。

テスラの二〇二〇年のEVの世界での販売台数は約五〇万台と世界一であり、ドイツのフォルクスワーゲングループや中国の諸企業などに大きく差をつけた。

池原照雄という人物が書いている資料を見ると、トヨタの二〇二〇年の電動車販売実績にかんして、EVは三三四六台（前年ゼロ）となっており、エッこんなに少ないの?とおもうのであるが、HV（ハイブリッド車）が約一九〇万台（二・二%増）とされていることからすれば、私の見間違いではなく、こんなものなのであろうか。

なお、フォルクスワーゲンの二〇二〇年のEVの世界での販売台数は約二三万台（前年の三・一倍）ということである。

ところで、トヨタの二〇二〇年の車全体の世界での販売台数は約九五三万台であった。

ここからすれば、テスラのEVの販売台数が多いといえども、車全体に占めるその比重は、桁違いに小さい、といえる。したがって、企業の規模を、その企業が所有する生産設備の面から見るならば、テスラはトヨタに比してきわめて小さい、といえる。

ところが、株式の時価総額にかんしては、テスラは約七〇兆円というように、トヨタ自動車の二倍以上に達しているのである。

このことは、膨大な投機のための資金がテスラに流れこんでいることを意味する。すなわち、アメリカを中心として世界の諸独占体および金融諸機関、さらに個人投資家が、金融的利益を得るために、ためこんだ資金でもってテスラの株式を買いこんでいる、ということである。

このようなかたちで資金を投機的に運用する者どもの狙いは、テスラがEVを開発し生産するために必要な諸分野をおさえる行動にうってでていることに賭けを打つことにある、といってよい。

テスラは、EVの心臓部とされる電池の生産にかんして、アメリカ・ネバダ州のパナソニックとの共同運営工場での生産の拡大や中国での生産などというかたちで、二〇三〇年までにEV約三〇〇〇万台分にあたる三テラ・ワット時に生産能力を拡大する計画を公表している。

それとともに、同社は、自動運転機能などのソフトウエアの開発や、それに使用する半導体の開発にまでのりだしているのである。

これが賭けの対象である。

脱炭素産業革命を実現するために、世界各国の独占ブルジョアどもは、あらゆる分野に進出するかたちにおいてしのぎを削っているといってよい。彼らは、競争にうち勝って自企業がこの再編を実現するために、もはや脱炭素に適合しないとみなした生産設備を直接的に廃棄し、そこで働いてきた労働者たちを切って捨てることを企てているのである。

全世界の労働者たちは、このような攻撃をうち砕くために国際的に階級的に団結してたたかおう！

二〇二一年七月二八日

〔31〕ホンダ、脱炭素のための首切りを開始

ホンダの経営陣が実施した早期退職の募集に、二〇〇〇人以上の労働者が応募した、という。今回の早期退職優遇制度は、五五歳以上六四歳未満の正社員が対象であり、退職金に最大三年分の賃金を上乗せする、というものである。経営陣は応募者の目標をもうけなかったのであるが、この人数は、当初に想定された一〇〇〇人を大幅に上回ったものであり、国内の正社員の約五％にあたる、という。

この早期退職の募集は、ホンダの経営陣が、生産する車を、ガソリン・エンジン（内燃機関）をつかうものから、ＥＶ（電気自動車）およびＦＣＶ（燃料電池車）に切り替えていくために、前者の技術の開発や生産にたずさわってきた技術者・労働者たちを切り捨て、後者の技術の開発および生産に必要な若い技術者・労働者たちを導入する、という行動に現実的に大々的にふみだしたものにほかならない。今回のこの募集は、希望退職者の優遇という名の退職の強要である。

ホンダ経営陣は、国内では唯一、二〇四〇年に世界で販売する新車のすべてをＥＶとＦＣＶにするという目標を、すでに今年の四月にうちあげていた。これまで、内燃機関の技術開発と生産に全精力をついやしてきた老練な技術者たち・労働者たちは、自分たちをお払い箱にするという経営陣の意志を敏感に感じとったにちがいない。

会社経営陣は募集を締め切って応募状況を労働組合に伝えた、と報道されている（日経新聞電子版、八月五日）ことを見るならば、少なくとも労働組合指導部はこの会社経営陣の行動に従順に従っていた、と推察することができる。老練な技術者たち・労働者たちは、労働組合指導部は自分たちを助けてくれない、という暗澹たる思いで、自分の将来に見切りをつけたにちがいない。

しかし、ここであきらめないようにしよう。自分は労働者であり、仲間の労働者たちと団結するのだ、と考えよう。

労働者たち・技術者たちは、独占資本家どもの、脱炭素の技術と生産体制への転換のための既存の設備の直接的な廃棄と労働者・技術者の切り捨てに、怒りをもやして立ち向かおう！

会社経営陣に従順な既成労働運動指導部をのりこえ、労働組合の団結をつくりだしてたたかおう！

二〇二一年八月六日

〔32〕　言葉遣いの間違い

内閣支持率の低落に、自民党議員が危機感をあらわにしてぼやいているのだという。

「菅首相の声が国民にとどいていない」、と。

この議員は言葉遣いを間違えたのだろう。彼は次のように言いたかったのだろう。

「菅首相の声は国民にひびくものではない」、と。

二〇二一年八月一一日

〔33〕　独占資本家たちの苦心惨憺——太陽光パネルの設置場所

太陽光発電事業にのりだした独占資本家たち・企業経営者たちは、日本の国土は狭い、と痛感しているようだ。彼らは太陽光パネルを設置する場所を探すのに必死なのだ。新たな利潤源に目がくらんでしゃにむに山林の木を伐採する彼らの行為は、土石流の災害を危惧し心配したその地の住民の反対の声と運動によって、相次いで頓挫した。

いまや、資本家的なゾウリムシ的軌道修正である。

いま彼らは、太陽光パネルを次のような場所に設置することにのりだしているのだという。農業と両立させるために農地の約三メートル上。空港のなかの空いた場所。駐車場の上部空間。溜池の上。ビルの壁面・窓ガラス。古い工場などの屋根の上、などなど。

それぞれに欠点や難点がある。大規模には難しいとか、大規模にできるけれども関係者との調整に時間がかかるとか、管理が大変だとか、軽いものにするために技術の開発が必要だとかというのが、それである。

独占資本家どもは、あくまでも自企業の利潤を増やすために、こうした難点を回避する物質的諸条件を選びとり、あるいは難点を突破する行動にうってでているのである。

こうしたもろもろの場所への太陽光パネルの設置とその諸設備の生産それ自体が、コロナ危機をのりきるために政府が市場および諸企業に注入した膨大な国家資金、これによって膨れあがった過剰資本——過剰な資金および過剰な生産設備という形態をとっているそれ——を処理する格好の部面となっているのである。

それは、独占資本家どもにとって労働者たちを搾取する格好の部面なのである。

二〇二一年八月一二日

〔34〕バイデン政権、民主主義サミットを開催すると発表

アメリカのバイデン政権は、民主主義諸国家や市民団体や民間企業などの代表を集めて、「民主主義サミット」を、一二月にオンライン形式で開催する、と発表した。権威主義からの防衛、汚職との闘い、人権尊重の促進の三つをテーマにする、という。

これは、世界の覇権を狙う中国と対抗するために、〈専制主義 対 民主主義〉という構図を描きあげ、「民主主義」の旗印のもとに自国の影響力のある諸国家や諸団体をかき集めて、反中国の排外主義を内と外にさらによりいっそう貫徹することを目論むものにほかならない。

米欧日の帝国主義諸国も中露の国家資本主義国も、支配者である資本家階級が労働者たち・勤労者たちを搾取し収奪し抑圧することを基礎にして互いに抗争しているのである。

全世界の労働者たち・勤労者たちは、このような搾取と収奪と抑圧をうち砕くために国際的

に階級的に団結しよう！

二〇二一年八月一二日

〔35〕トヨタ、水素路線を鮮明に

トヨタ自動車は九月一八日に、水素エンジン車の燃料として、来年にも川崎重工業の船がオーストラリアから運んだ水素を利用することを検討する、と発表した（「読売新聞」九月一九日）。

川崎重工業は、オーストラリアの褐炭からつくった水素を、世界初の液化水素運搬船「すいそ　ふろんてぃあ」で日本へ運ぶ実証実験を二〇二一年度中にはじめる計画である。

日本では、電気ステーション網の整備がすすまず、トヨタ自身、EV（電気自動車）の分野では、特許の取得においては優位をしめしつつも、EVそのものの開発と生産では立ち後れている。トヨタは、この現実を打開するために、当面はHV（ハイブリッド車）の生産と販売を促進しつつ、その次にかんしては、EVの開発・生産と、水素を使うFCV（燃料電池車）および水素エンジン車の開発・生産との二正面作戦でいく、という企業戦略を鮮明にした、といえる。

トヨタの豊田章男社長は、「日本がEVの開発に特化するというのでは、下請け・孫請け企業群が壊滅する。政府はインフラ整備を、腰を据えてやれ」、とヒステリックに叫びつづけている。一八日の鈴鹿サーキットでの五時間耐久レースにも水素エンジン車にドライバーの一人として自分で乗った。

彼は、自社の優位の実体的根拠をなす系列企業群を今後も活用しうる策をひねりだすことに必死なのであり、欧米および中国の趨勢をなすEVの開発競争を一挙に飛び越えて、水素をあらゆる分野で大々的に使う社会、いわゆる水素社会を創出することに心血を注いでいるのである。(彼の先の言葉は、政府は水素ステーションを、本腰を入れてつくれ、という意味である。)

あくまでもこの男は、トヨタ資本の人格化として、「トヨタ生産方式」にもとづいて労働者たちから剰余労働を徹底的に搾り取ることを基礎にして国際競争にうち勝つ策を構想し、これを現実に貫徹しようとしているのである。

独占資本家どものこのような悪辣な策動をうち砕くために、労働者たちは階級的に団結してたたかおう!

二〇二一年九月二〇日

〔36〕投機屋たちの高所恐怖症

二〇二一年九月下旬である今週のはじめに、世界各国の株式市場で、株安が生じた。これは、中国の不動産大手、中国恒大集団が総額一兆九六六五億元（約三三兆三〇〇〇億円）もの負債を抱えて債務不履行（デフォルト）の危機におちいったからである。二二日に、二三日に期日を迎える人民元建て社債の利払いを実施する、と同集団が発表したことによって、当面は落ち着いた。

世界の株式市場がこのように動揺したのは、習近平政権が「共同富裕」を打ちだしている手前、同集団を救済すれば、生活に困っている人びとから「富裕層優遇」の非難が浴びせかけられ、倒産を座視すれば金融危機と大量の失業がうみだされる、というジレンマにおちいっていることをも要因とする。

債権の証券化という金融的操作によってどれだけの不良債権が内在しているのかということが不明になっていたリーマン・ショック時の金融的構造とは異なるにもかかわらず、このような騒ぎとなったのには、投資家たちすなわち投機屋たちの高所恐怖症があるのだ、という。この高所恐怖症とは、ブルジョア経済学者たちの言う実体経済、すなわち諸商品の生産・流通・消費とは乖離するかたちで、株価が異常に高騰していることに、投資家たちが、いつなんどき暴落するか、という不安と恐怖を抱いていることをさすのだそうである。

たしかに、現下のような構造の株価の高騰は歴史上はじめてのことである。資本の人格化としての資本家という存在は、そのような存在であるということに規定されて、盲目的な価値法則の貫徹にいくら慣れているのだとしても、資本家種属が未体験のこの事態は不気味であるにちがいない。

現下の株価の高騰は、ＩＴ産業を産業的基礎として膨れあがった金融的バブルがコロナ危機を要因として破裂するのを回避するために、帝国主義各国の政府が、膨大な国家資金を金融市場と諸企業に注入したことにもとづく。この国家資金が株式市場に流れこんだのである。脱炭素というかたちでの諸産業の再編のための投資がこれに輪をかけた。

このことがどのような結果をもたらすのか、ということは誰にもわからない。

『資本論』のマルクスは生きている、ということだけはたしかなのである。

二〇二一年九月二四日

〔37〕 孟晩舟ファーウェイ副会長、帰国

保釈されたうえで厳重に監視されていた、ファーウェイ副会長の孟晩舟は、カナダから中国に帰った。これは、アメリカ司法省と同人とのあいだで司法取引が成立したからである。アメリカの国家権力者バイデンとしては、自国から世界の覇権を奪うために迫ってくる習近平の中国との関係を改善する手は何もない。だが、ひとを縛ることへの人びとの恨みは激しい。相手ののどに突き刺したとげを抜くことにしたのであろう。

バイデンも習近平もその行動は、労働者たち・勤労者たちを搾取し収奪し抑圧する者のなす業である。

二〇二一年九月二五日

〔38〕 中国の不動産バブル、日本のバブル期を超える

中国では、民間債務残高の国内総生産（ＧＤＰ）にたいする比率は、二〇二一年には二二〇％に達し、日本でバブル崩壊直後につけたピーク（二一八％）を超えた。（日本経済新聞電子版、九月二七日）

融資残高全体に占める不動産向けの割合は、いまの中国では三割弱であり、二一〜二二％台であった日本のバブル期よりも高い。これは、日本では金融諸機関・諸独占体・個人投資家、総じて投機家たちはその資金を不動産と株式に投じたのにたいして、いまの中国のそれらの者たちはその資金を不動産に集中的に投じていることにもとづく。

このことを特徴づけるならば、今日の中国の不動産バブルの大きさは日本のバブル期を超えた、ということができる。

このことが、恒大集団の債務不履行問題がもちあがったことの根底にある事態なのである。

「共同富裕（ともに豊かになる）」を掲げる習近平指導部が、二〇二一年八月に「格差是正」

をうちだしたことが不動産価格に影響をあたえ、それの販売価格を総面積で割った単価は同月に前年同期比二・七%下落した。

中国政府が、バブルの崩壊という事態をまねかないかたちで不動産への投機を徐々に減退させる、そのような金融財政政策をひねりだすのは至難の業である。

日本およびアメリカの国家独占資本主義の経済形態を模倣するかたちにおいて、スターリン主義政治経済体制から資本制政治経済構造への転換をおしすすめてきたところの、かつてのスターリン主義官僚どもは、ここ二〇数年来、日本のバブルとその崩壊にかんして研究を積み重ねてきた。さて、彼らはどのような研究の成果を得たのであろうか。

価値法則は盲目的に貫徹する。それをなにびともコントロールすることはできない。スターリン主義官僚から資本家的官僚に成り上がることを意志した者どもは、価値法則の貫徹する社会を選びとったのである。

資本家的官僚および官僚資本家となった者どもは、プロレタリアへと突き落とした人たちの搾取と収奪を強化してみずからが生き延びることだけを考えているのである。

このような者どもを、帝国主義諸国家もろともに打倒するために、万国のプロレタリア、団結せよ!

二〇二一年九月二七日

〔39〕「日本発のデジタル通貨に注目」

「日本発のデジタル通貨に注目が集まっている」、とＮＨＫが報じていた。「デジタル通貨」といってもそのセキュリティー技術である。それの高度な技術を日本のベンチャー企業が開発したのだという。その技術を開発した人は、Ｓｕｉｃａの基礎となる技術を開発した人だそうだ。

注目しているのはネパール。この国では、銀行の口座をもっている人は人口の三〇％であるということからして、人びとのあいだで送金をスムーズにおこなうためにはデジタル通貨が必要なのだ、ということである。このネパールのような国はいっぱいある。

このような国ぐにを狙ってるのが中国である。

中国の習近平指導部は、最近、ビットコインなどの暗号資産（仮想通貨）を最後的に禁止した。これは、その準備がほぼ整ったデジタル人民元を流通させるために、先行する民間のデジタル通貨を国内から放逐するとともに、全世界的規模においてそれを壊滅させることを狙ったものだ、と言える。このことは、通貨の面におけるアメリカ帝国主義のドルの支配をくつがえし、自国が世界の覇権をにぎるために、中国の習近平指導部は、デジタル人民元を発行し世界各国への浸透をはかることを目論んでいることにもとづくのである。デジタル通貨をなす人民元であるならば、銀行口座をもたない世界の膨大な人びとに直接的に使わせることができるからである。またビットコインなどの仮想通貨を暗号資産として保有し、金融的利益を得るためにそれを投機的に運用する全世界の投機屋たち（金融機関・独占体・個人）にその資金をデジタル人民元に投じさせ、腐りきった国家独占資本主義と国家資本主義の織りなす世界における、自国の地位を高めることができるからである。

なんと腐敗していることか。プロレタリアを搾取し収奪し抑圧する者どものなせる業である。

二〇二一年九月二八日

〔40〕岸田文雄が自民党総裁となったにもかかわらず、株価は五日続落

「3A」と呼ばれる極悪の安部・麻生・甘利にささえられて岸田文雄が自民党総裁になった

にもかかわらず、東京市場の株価は、御祝儀相場とはいかず、五日続落となっている。きょう二〇二一年一〇月一日の午前の日経平均株価の終値は、五九〇・八三円（二・〇一％）安の二八八六一・八三円であった。

いつもは、株式市場から投機屋たちが逃げないように何があっても気休めばかり言っている民放の相場解説者も、気休めの材料が見つからず、さえない顔をしていた。

この間の株価の下落は、アメリカの国家財政が債務不履行の危機におちいっていることにもとづく。アメリカ議会では、民主党と共和党が激しく対立していて、この危機を回避するための妥協点が見つからない。また、中国の恒大集団の債務不履行の問題も解決の方途が見えないままだ。

コロナ危機をのりきるために各国の政府が金融市場と諸企業に注入した膨大な国家資金のゆえに、金融的バブルは膨れに膨れあがっている。脱炭素産業革命のためにいくら技術の開発と諸設備の建設がなされたとしても、バブルとなっている資金は生産的に活用されるわけではない。それは、バブルの名にふさわしく、金融的カゲロウである。

何かがうごめいているのかもしれない。

二〇二一年一〇月一日

〈41〉 日本売りつづく——中国の「灰色のサイ」のせい！

岸田新内閣が発足するというのに日本売りがつづいている。一〇月四日午前の東京市場の日経平均株価は、前週末比二七三・五〇円（〇・九五％）安の二八四九七・五七円となった。御祝儀相場どころではない。これは、中国の「灰色のサイ」（胚胎する経済危機）がうごめいていることにもとづく。香港株式市場では、原因不明のまま恒大グループの株式の取引が一時停止となっている。

岸田新首相は、こちらは内閣支持率が御祝儀相場であるうちに国会解散＝総選挙にうってでるという奇襲戦法をとったという。内閣支持率が急落するのはわかりきっているのだから、そうする以外にないと予測された奇襲戦法であった。

迫りくる経済危機を、労働者たち・勤労者たちの搾取と収奪と抑圧の強化によってのりきろうとする日本の国家権力者と独占資本家どもの策動をうち砕こう！

二〇二一年一〇月四日

〔42〕 しゃっくりのように「新しい資本主義」

首相の座に就いた岸田文雄は、記者会見で、しゃっくりのように「新しい資本主義の実現」という言葉をくりかえした。「成長と分配の好循環をつくりだす」というわけなのである。

だが、この言葉は、労働者たちをたぶらかすためのイデオロギー以外のなにものでもない。これまで、日本の国家権力者は、コロナ危機にみまわれた諸独占体を救済するために、労働者たち・勤労者たちにその犠牲を転嫁し、彼らを徹底的に搾り取ってきた。このような自分たちの姿をおおい隠すための言辞がこれなのである。

そして、脱炭素産業革命を実現するために、もはや古臭くなったとみなした部門から労働者たちを解雇し放逐する策動を、権力者と独占資本家どもはくりひろげているのである。労働者たちをだましてこのような行動を首尾よく実現するための言辞がこれなのである。

NHKの経済問題解説者が言った「分配とはバラマキとはちがいますので、どう実現するのかが問われます」、という言葉はおもしろい。このような解説者も、眉に唾をつけて見なければならない、と言わざるをえないような代物なのだ。

だが、問題は、分配をどうするのか、という問題につきるのではない。分配をその根底から規定している生産過程そのものが問題なのである。資本主義のもとでは生産過程は資本の生産過程なのであり、資本が賃労働を吸収して自己増殖する過程なのであって、資本家が賃労働者を搾取する過程なのである。分配とはこの搾取の結果にほかならず、資本主義がいくら新たな体裁をとったとしても、労働者が多くを得ることはありえないのである。また、経済成長とは、資本が労働者の生き血を吸って増殖するということ以外のなにものでもない。

「新しい資本主義の実現」とは、労働者を搾取するこの資本主義を延命させることを正当化する言辞なのであり、労働者たちはこの言辞の欺瞞性をあばきだし、この資本主義社会をその根底からひっくりかえすために階級的に団結するのでなければならない。

二〇二一年一〇月五日

〔43〕　日経平均株価、下落――岸田内閣へのお祝い品だ！

一〇月五日の東京市場では、日経平均株価は、九時六分現在、六六三円下落している。これは、昨日発足した岸田内閣へのお祝い品にほかならない。「新しい資本主義なんて無理です。資本主義の現実はこんなものなんです」、というように、物質的現実が悲鳴をあげているのだ。

二〇二一年一〇月五日

〔44〕　東京株式市場に恒大集団債務不履行問題の重荷

いま進行中の、東京市場における株価の下落は、恒大集団の債務不履行（デフォルト）の危機が中国経済に胚胎していることにもとづく。

昨日一〇月四日には、香港証券取引所は、中国恒大集団とその不動産管理子会社の恒大物業集団の株式の売買を終日停止した。これは、報道から推察するならば、社債の利払いの資金を捻出するために、同子会社の株式の約五一％を四〇〇億香港ドル（約五七〇〇億円）で、中国不動産大手、合生創展集団に売却する（後者による前者の買収・合併）工作を、恒大集団がおこなっていることにもとづく、とおもわれる。

恒大集団は、九月二三日と同二九日に期日を迎えたドル建て社債の利払いをしたかどうかの発表していないことからするならば、利払いをしていないことは確実といえる。いずれも三〇日間の猶予期間内に支払えなければ、債務不履行となる。

この危機を回避するために、同集団はその子会社の売却にうってでた、と推察することができるのである。もしも、この売却がうまくいくならば、いま猶予期間に入っているドル建て社債の利子は支払えるのかもしれない。しかし、恒大集団は綱渡りである。どうなることか。

日本の国家権力者と独占資本家どもは、ハラハラ、ドキドキ、という心理であろう。

このように腐朽した資本主義をその根底から転覆するために、日本の労働者階級は、中国の労働者階級および世界各国の労働者階級と国際的に階級的に団結しよう！

二〇二一年一〇月五日

〈45〉日本の自動車独占体、商用ＥＶ市場で競合もなく中国勢に敗北

中国の自動車企業が、日本への商用のＥＶ（電気自動車）の輸出攻勢をかけている。東風グループなどが一万台という調子である。トヨタ・日産などの日本の自動車独占体は、ＥＶの開発と生産が遅れており、競合することもなく敗北している。宅配部門などの日本の諸企業は、安くて使える、というので、中国の諸企業から、商用ＥＶをどんどん輸入しているのである。

また、東南アジアの自動車市場でも、日本の諸独占体は中国勢などに押しまくられつつある。これまでは、東南アジアの自動車市場は、日本メーカーが八割のシェアを誇り、「日本車王国」と呼ばれてきた。タイを筆頭にしてこれが脅かされているのである。これもまた、ＥＶのゆえである。

脱炭素のために、諸独占体は、自企業の、したがって自産業の再編をしゃにむにおしすすめている。彼らは、自企業の利益を上げ、他企業を蹴落とし自企業がのしあがるために、これまでの部門で働いていた労働者たちを退職に追いこむのをものともせず、あらゆる犠牲を労働者

たちに強いて、この再編をおしすすめているのである。

全世界の労働者たちは、このような攻撃をうち砕くために、国際的に階級的に団結しよう！

二〇二一年一〇月一二日

〈46〉ホンダ、中国をEVの生産・輸出拠点とする企業戦略を発表

ホンダは、中国を、EV（電気自動車）および水素で走るFCV（燃料電池車）の販売市場とするだけではなく、世界市場への生産・輸出拠点とするという企業戦略「中国電動化戦略」を発表した。

中国にEVの専用工場を二つ新設し、二〇二四年の稼働の開始をめざす。このEVに積載するバッテリーは、中国の電池企業との協業で生産する。生産したこの車を中国で販売するだけではなく、世界に向けて輸出する。これが、中国にEVの生産拠点を構築するホンダの構想の中身である。

中国は、これまでホンダの世界での販売の四割弱を占めてきた。この強みを活かす、という

のがホンダの狙いである。

すでに、アメリカのEVの先端企業であるテスラは、上海工場を世界市場への「輸出ハブ（中枢）」とするという方針を掲げている。

ここから見えてくるものは、自動車独占体は、EVやFCVの生産を強化しつつ、車の生産体制そのものの軸足を中国に徐々に移していく、ということである。車の自国内での生産の重しがトヨタなどよりも相対的に少ないホンダやテスラがその先端を切った。トヨタや日産も、世界市場においてうちかつために、同様の方向を狙っているといえる。

日本の自動車諸独占体は、脱炭素のもろもろの種類の車の生産を強化し拡大するために、従来のガソリン車の生産のための諸設備を直接的に廃棄し、そこで働いていた労働者たちを退職に追いこむとともに、膨大な下請け・孫請け企業群を切って捨てる、ということを目論んでいるのである。

このような攻撃を許してはならない。

このような攻撃をうち砕くために、全世界の労働者たちは団結してたたかおう！

二〇二一年一〇月一四日

〔47〕『資本主義だけ残った』――新たな反『資本論』宣伝

読売新聞の読書欄に、ブランコ・ミラノヴィッチ著『資本主義だけが残った』（みすず書房）という本が紹介されている（一〇月一七日朝刊）。

著者は、現状を、「リベラル能力資本主義」と「政治的資本主義」という米中の二つのタイプの資本主義の競争の時代だ、というのだそうである。これだけであるのならば、どうってことはないのであるが、見逃せないのは、評者の中央大教授・瀧澤弘和によって、次のように紹介されていることがらである。

「著者によれば、共産主義は、植民地化された後進国が封建主義を脱し、政治的独立を回復して固有の資本主義を構築することを可能にするシステムなのだ。」

評者がこの著書の内容を歪曲しなければならない理由は見つからないから、この本でこのように展開されているのだ、と言ってよいであろう。

この著者であるミラノヴィッチは、現実肯定主義と解釈主義の立場にたって、二一世紀現代世界を解釈しているのである。

この人物は、かつての中国を「共産主義」であったというようにアプリオリ（先験的）にみなし、今日の中国の資本主義をもたらしたところのものが「共産主義」なのだ、というように解釈しているのである。いやしくも「共産主義」について語るのであるならば、マルクスの『資本論』と彼のプロレタリアートの自己解放の理論についてなにがしかであれふりかえることが必要なのであるが、そのような学問的良心のひとかけらもないのが、この人物なのである。ルクセンブルク所得研究センター上級研究員という肩書をもつこの人物は、旧ソ連ないしソ連圏で生活していたことがあるのか、ずっと西ヨーロッパで生きてきたのかはわからないが、このようなブルジョア学者に、右のようなことを言っても、馬の耳に念仏、蛙の面に小便であるにはちがいない。

たとえそうではあるとしても、マルクスの『資本論』を学ぶことを意志するわれわれは、プロレタリアートがこの資本制生産様式をその根底から転覆することをとおして創造する社会が共産主義社会である、ということ、いや、この現実を変革する運動が共産主義である、ということを、声を大にして言わないわけにはいかない。レーニン死後にソ連を支配した指導者たちやかつての中国の指導者たちがおのれのイデオロギー的支柱としてきたのは、マルクスのマルクス主義なのではなく、マルクス主義をスターリンが歪曲したところのもの、すなわちスターリン主義なのである。

二〇二一年一〇月一七日

〔48〕 太陽光と触媒を使って水素をとりだす技術を開発――豊田章男は？

東京大学などのグループは、太陽光と触媒を使って水を分解し水素をとりだす技術を開発した、と発表した。

太陽光発電のパネルと似たような感じで、水と触媒を入れたパネルをつくって並べ、太陽光にあてると水が水素と酸素に分解される、ぷくぷく浮きあがってきた気体を、水素と酸素とに分離して、水素をとりだす、というものである。

この方式であれば、天然ガスや褐炭から水素をつくるばあいのように、水素の生産過程で二酸化炭素ができてしまうということもなければ、太陽光発電でつくった電力でもって水素を生産するばあいのように、太陽からの電磁波エネルギーをいったん電気エネルギーに変える必要もない。これは効率の良い方式であり、もっといい触媒を見つければ、安上がりにできる、というわけなのである。

このニュースを聞いて、トヨタの社長・豊田章男は、これでうちの水素エンジン車も燃料電池車も日本で生き残ることができる、とニコッとしたであろうか。ホッと胸をなでおろしたであろうか。これで、うちのトヨタ生産方式で労働者たちを搾取しつづけ、下請け・孫請け企業を収奪しつづけることができる、とニタッとしたであろうか。

二〇二一年一〇月一七日

〔49〕　EVの生産のためのラインの改修——はたして？

日産とマツダは、EV（電気自動車）を生産するために、これまでガソリン車を生産していたラインを、ガソリン車とEVの両方を生産するものに改修しているのだ、という。重いモーターを取り扱うためにそれに適したロボットを導入する、というようなことをやっているのだ、ということである。

だが、このような改修でもって、部品数の少ないEVの生産だけに特化した生産ラインを設置しているテスラや中国のEV生産諸企業との競争にうち勝てる、と日産やマツダの経営陣は信じているのか。そうではないであろう。このような生産ラインの改修は、エンジン車の生産ラインそのものを廃止し、そこで働いている労働者たちを退職に追いこむための過渡形態ではないのか。

また、報道されてはいないのであるが、日産やマツダは、これまではガソリン車を生産していたラインでEVをも生産することにおいて、ガソリン車に必要な膨大な部品を生産している下請け・孫請け諸企業を、したがってそこで働いている労働者たちを、いままさにどんどん切り捨てているのではないのか。

このような攻撃をうち砕くために、あらゆる産業の労働者たちは、階級的に団結してたたかおう！

二〇二一年一〇月一八日

〔50〕トヨタ、アメリカに初の電池生産工場を建設――はたして？

トヨタはアメリカに初の電池生産工場を建設する、という。だがしかし、生産するのは、当面は、ＥＶ（電気自動車）用の電池ではなく、ＨＶ（ハブリッド車）用のそれなのだそうである。豊田章男は、あくまでもＨＶにご執心のようだ。彼は、こんなことで脱炭素の自動車の開発・生産の国際競争に勝てるとおもっているのだろうか。

ＥＶを生産するために必要な電池などの技術の特許は、世界でトヨタが一番多く持っているのだという。それはそうであろう。トヨタが先端を切って開発したＨＶはエンジンとモーターで動かすのだから、このモーターに関連する技術の多くはトヨタが開発したのであろうからである。だが、この技術を活用してＨＶを開発し、それの生産設備をつくりだすことと、その同じ技術を活用してＥＶを開発し、それの生産設備を創造することとは異なるのである。その生産ラインの建設を対比するならば、前者のそれは、従来のエンジン車の生産ラインの改造として現象し、後者のそれは、まったく新たな生産ラインの創造として現象するからである。

このことからするならば、トヨタは、ＥＶの生産に新たにのりだした資本に勝てるわけがない。だが同時にここに、豊田章男がＨＶにこだわる理由があるといえる。彼が、水素エンジン車に乗ってカーレースにさっそうと登場したのもそうなのだ。

この独占資本家は、トヨタの生産方式を活用して、今後もよりいっそう強力に労働者たちを搾取しつづけたいのだ。この男は、自企業の傘下の系列会社のピラミッド形態を活用して、今後もよりいっそう強引にその下請け・孫請け諸企業を収奪しつづけたいのだ。

彼の欲望はここにある、と言える。

二〇二一年一〇月一九日

野原拓（のはら　たく）
著書『自然破壊と人間』（プラズマ出版）など

バイト学生と下層労働者の『資本論』——脱炭素の虚妄

2021年12月10日　初版第1刷発行

著　者　　野原　拓
発行所　　株式会社プラズマ出版
〒274-0825
千葉県船橋市前原西1-26-19 マインツィンメル津田沼202号
TEL : 047-409-3569
FAX : 047-409-3730
e-mail : plasma.pb@outlook.jp
URL : https//plasmashuppan.webnode.jp/
　ISBN978-4-910323-52-7　C0036